T0343835

Concha Calleja

Tres reinas

LIBROS
EN EL
BOLSILLO

© Concha Calleja, 2024
© Editorial Almuzara, S.L., 2024
Edición en Libros en el Bolsillo, octubre de 2024
www.arcopress.com
info@almuzaralibros.com
Síguenos en redes sociales: @ArcopressLibros

Libros en el bolsillo: Óscar Córdoba
Diseño y maquetación: Fernando de Miguel
Impreso por LIBERDÚPLEX

I.S.B.N: 978-84-10354-14-2
Depósito Legal: CO-1525-2024

Código IBIC: HBJD1
Código THEMA: NHD
Código BISAC: HIS015000

Editorial Almuzara
Parque Logístico de Córdoba. Ctra. Palma del Río, km 4
C/8, Nave L2, n° 3. 14005 - Córdoba

Impreso en España - *Printed in Spain*

Para Emma y Edith

Índice

Apertura
de la partida

El mejor culebrón que existe en el mundo es la vida real, y eso bien lo sabe Hollywood cuando escribe los guiones para su audiencia.

Los *royal* británicos son un gran ejemplo de ello. Solo en este último año y medio hemos vivido, un funeral, una coronación, un escándalo sexual, varias demandas, crisis de salud, comunicados reales disparatados, la publicación de un libro, de un *podcast*, de un serial, manipulación de documentos gráficos con IA, vídeos dudosos. Hemos recibido disculpas reales, baja por estrés, incluso, posibles dobles.

De su mano también hemos podido saber acerca de cómo es un pene real congelado, como pierde la virginidad un *royal*, que Sus Altezas también lloran —con razón y sin ella—, también enferman, van a juicios, se engañan, y pagan cuantiosas cantidades para tapar sus posibles delitos. De la misma manera hemos podido comprobar que la realeza también se pelea, se empuja y se tira al suelo en un ataque de rabieta. Como se puede apreciar, todo un culebrón fácilmente convertible en una larga telenovela de éxito asegurado. Y es que, ser un glamuroso miembro de la *royal family*, no les garantiza la felicidad vitalicia, los sueldos sí, pero eso es otra cosa.

Seguir sus historias termina resultando adictivo. Una vez se empieza a investigar sobre lo que hacen, siempre vienen más y más capítulos y, cuando parece que ya no cabe una historia más, siempre cae alguna por sorpresa, un nueva polémica, un nuevo escarceo, o un nuevo comunicado oficial para intentar que se mire hacia otro lado y poder esquivar algún que otro escándalo. «Lo que está pasando es terrible», le comenté a una buena fuente real, y me respondió: «No. Lo terrible está por llegar». Esto fue en febrero de 2024, sin duda, un año que no empezó nada bien para los *royal* y que pasará a la historia como su «año terrible», peor aún que el famoso «annus horribilis» de la reina Isabel II.

Dentro de los *royal* tenemos de todo: amor, celos, cuernos, engaños, peleas, muertes sospechosas, demandas, ambición, venganza y drama. Mucho drama. Los Windsor son especialistas en esconder sus escándalos bajo la alfombra.

Por supuesto, estas son solo algunas de las cosas que han sucedido, pero hay más, mucho más. Algunas son noticias, pero las más han sido puro espectáculo, porque todo lo que rodea a esta gran familia, sobre todo desde la muerte de la princesa Diana, está envuelto en misterio e intriga. También en escándalo. Y eso engancha.

Antes, ser miembro de la realeza facilitaba la forma en la que se trataban las noticias de lo que hacían, en cierto modo, la información que nos llegaba era mucho más amable de lo que es ahora, más filtrada. Eran historias en las que se veían involucrados pero que se transmitían a una distancia segura del público. Es decir, de nosotros. De hecho, en algunas monarquías continúa siendo así. Pero, no es el caso ahora de los *royal* británicos. En estos momentos, ellos encabezan la primera institución *Reality Show* de todas las monarquías, y eso, de alguna manera, los ha humanizado. A ellos no les gusta admitirlo, pero es así. Los *royal* son como nosotros, pero con título nobiliario.

Así pues, vemos que tanto en la realeza como en la vida real, existen los enredos de familia, las emociones de alto voltaje, y los escándalos que antes se hubiesen ocultado bajo estrictos protocolos reales, pero que, de forma irremediable, la tecnología hace que sean bien visibles.

Este libro va de eso, pero más centrado en el perfil de sus tres reinas: Isabel II, la reina que fue; Camila Parker, la reina que no iba a ser, y Diana Spencer, la reina que no dejaron ser. Tres reinas que, independientemente de su imagen pública y su rol profesional, han arrastrado de su infancia un mapa psicológico determinante que apenas ha trascendido como tal. La corona puede ser una carga pesada de llevar y estas tres mujeres bien saben de ello.

La Reina Isabel II, la reina que fue, tuvo tres grandes y desafiantes problemas. Uno se llamó princesa Margarita, otro príncipe Carlos, y el último en sumar, el príncipe Andrés. Con ellos tres, y por diferentes motivos, la familia real pasó a ser el centro de atención en todo el mundo. Con ellos empezó el verdadero Reality Royal.

Camila, la reina que no iba a ser, lo acabó siendo contra todo pronóstico en 2022. Camila Shand no fue educada para ser reina y no fue la novia deseada por la institución para contraer matrimonio con el príncipe Carlos, heredero de la corona, pero también acabó casándose con él.

Camila fue odiada por la mayor parte del mundo que vio en ella a la mujer entrometida que apartó a la princesa Diana de su marido y también de su lugar en la monarquía. Sin embargo, el mundo, sobre todo los británicos, acabaron aceptando a Camila como la mujer del heredero, y también como su reina.

A Buckingham le costó mucho tiempo, esfuerzo, y dinero, conseguir lo que ahora estamos viendo, a una Camila llevando las riendas de la monarquía británica como su cabeza visible mientras el rey se recupera de su operación de próstata y su cáncer, haciéndose cargo de los eventos de estado, y sustituyendo también a Kate Middleton, princesa de Gales, que desapareció de la escena pública durante meses, después de una intervención quirúrgica y su posterior anuncio de que padecía cáncer. Y, no, no puedo olvidarme de Guillermo, un príncipe heredero inseguro desaparecido junto a su esposa, bajo excusas y pretextos que no están a la altura de su lugar en la historia.

Camila reina consorte, pero reina al fin, algo inimaginable si nos lo hubiesen dicho hace veinte años.

Diana, Lady Di, princesa de Gales, la reina de corazones, y también la reina que no dejaron ser.

No voy a obviar aquí la personalidad compleja de Diana, porque la tenía. Ni tampoco voy a evitar hablar de sus problemas psicológicos gestados en la infancia, y a los que ella misma se refirió, porque también son ciertos. Si bien aquí me interesa más acercarme a ese perfil de Diana que la hizo tan adecuada para ser la elegida, al perfil de la mujer no amada, a la desencantada, a esa radiografía de un matrimonio que acabó destrozándola.

Diana fue escogida por la institución para ser reina un día, luego, algo pasó, y se convirtió en la reina que no dejaron ser.

El triángulo amoroso entre el rey Carlos, Diana y la ahora reina consorte Camila fue devastador para la institución, y para ellos mismos. Mientras Carlos mostraba un carácter pusilánime dentro y fuera de su reino, metiéndose entre sábanas con dos mujeres a la vez, la princesa Diana empeoraba de su bulimia, Camila tuvo que acudir a un psicólogo cuya terapia aún no ha terminado, y la reina Isabel no sabía cómo afrontar la situación de un hijo que le incomodaba y al que consideraba un «bala perdida», ni entendía la situación de éste con «esa mujer perversa».

Sus perfiles más allá del entretenimiento es lo que realmente me interesa. Es obvio que la parte pública de sus vidas, la más conocida, también es importante en estas páginas. Sin embargo, lo es mucho más la parte menos pública de sus personalidades. Esos perfiles son enriquecedores y dan mucha más información para que sepamos por qué hacían lo que hacían, y por qué sucedieron las cosas que sucedieron. Aún más, para que sepamos porqué continúan ocurriendo los vaivenes que ahora vivimos, y porqué los continuaremos viviendo en el futuro.

Tampoco puedo pasar por alto el perfil del hoy rey de Inglaterra. Él es la intersección entre estas tres mujeres. Él es el hijo, el amante y el marido que de alguna manera une el destino de las tres reinas. Por no decir, que también es el padre del futuro rey de Inglaterra.

Dejo claro pues, que esto no es una biografía convencional de Isabel II, Camila Parker, y Diana Spencer, sino un examen de sus personalidades dentro de la jaula dorada a la que llamamos «miembros de alto rango de la monarquía británica». Aquí, vamos a intentar conocer y analizar las reglas del juego de la Casa Real Británica de forma que ni ellos mismos lo saben. Y eso es lo importante.

Empezamos la partida.

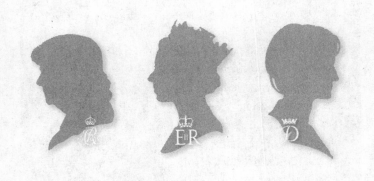

Isabel II, detalle del retrato de coronación por Cecil Beaton, 1953.

ISABEL II
La reina que fue

Isabel II.
La reina que fue

CREACIÓN DE LA PIEZA

Ocurre cuando un peón consigue llegar a la última fila del opuesto. En este momento, el peón se transforma en otra pieza del mismo color, generalmente una dama,

aunque la elección de qué pieza convertir depende de la situación y la estrategia del juego. La creación de la pieza a través de la promoción de peón puede ser un momento crucial en la partida. Puede cambiar el equilibrio de poder en el tablero y dar lugar a nuevas oportunidades tácticas y estratégicas

Foto: WikiImages/Pixabay

ISABEL II DEL REINO UNIDO Y LA COMMONWEALTH

Nombre: Elizabeth Alexandra Mary.
Nacimiento: 21 de abril de 1926, en el Castillo de Balmoral, Escocia.
Padre: Rey Jorge VI del Reino Unido.
Madre: Isabel Bowes Lyon.
Consorte: Felipe de Edimburgo.
Hijos: Carlos III del Reino Unido, Ana, princesa real, Andrés de York, y Eduardo, duque de Edimburgo.
Tratamiento: Su majestad.
Fallecimiento: 08 de septiembre de 2022, en el Castillo de Balmoral, Escocia.
Funeral de Estado: 19 de septiembre de 2022, en la Capilla de San Jorge del Castillo de Windsor.

LA REINA HA MUERTO ¡DIOS SALVE AL REY!

La muerte de la reina Isabel II en septiembre de 2022 marcó el comienzo de un largo protocolo que llevaba años planeado y que dio paso a un gran número de operaciones.

Primero fue la *Operación Puente de Londres*, que se centró en informar sobre la muerte de la reina. El siguiente paso fue la *Operación Unicornio*, que cubrió el periodo entre la muerte y el funeral y, el último trámite fue la *Operación León*, el traslado del ataúd desde Edimburgo al Palacio de Buckingham y a la Abadía de Westminster.

Todos esos planes habían sido escritos y estudiados de forma minuciosa durante años, y cada cierto tiempo se revisaban y renovaban para actualizarlos.

La procesión fúnebre de la reina Isabel II partió de la Abadía de Westminster; el ataúd fue colocado en una cureña, que fue remolcada por 142 miembros de la Royal Navy por las calles del centro de Londres. Fue llevado al Arco de Wellington a través del centro de Londres antes del viaje a Windsor para el entierro (Fotos: Wikipedia).
Abajo, a la derecha, invitación al funeral.

23

Así, llegamos a la *Operación Orbe Dorado*, el plan de la coronación que se iba a seguir a partir del momento en que los funerales de la reina Isabel II hubiesen terminado, y de que el príncipe de Gales y la duquesa de Cornualles, Carlos y Camila, firmasen y aceptasen su cargo como los nuevos reyes de Inglaterra.

Si bien, hasta llegar a este punto, al que después volveré, Isabel II, la reina recién fallecida, había pasado setenta años y doscientos catorce días en el trono al servicio del Reino Unido, de la Commonwealth británica y de la Iglesia de Inglaterra como su gobernadora suprema.

> *«La reina celebró sus setenta años al frente de la institución, en un escenario distinto al que le hubiese gustado, ensombrecido con la polémica de los últimos meses»*

Justo, en ese febrero de 2022, siete meses antes de su óbito, todos los británicos, y también el mundo, celebró el Jubileo de Platino de la reina con desfiles y fastos que remarcaban con ansia sus setenta años reinando, pero que resultó ensombrecido por la polémica de los últimos meses. La reina, cuyo reinado es considerado oficialmente el más largo de la monarquía británica, se enfrentaba en su setenta aniversario al frente de la institución a un escenario distinto al que le hubiese gustado; con un país en crisis por la pandemia, aún marcado por los efectos secundarios del Brexit, con el escándalo de su hijo Andrés, repudiado por ser sospechoso de abusos sexuales, con un nieto, Enrique, que había renunciado a ser miembro activo de la familia real, y un heredero, su hijo Carlos, que no acababa de cuajar en el imaginario colectivo como futuro rey de Inglaterra. Un horror para la reina.

No cabe duda de que la reina Isabel, Lilibeth como la llamaba su padre, fue una reina querida. De hecho, en lo que a imagen se refiere, la reina Isabel es la que mejor parada sale de todos los Windsor.

Y, pienso sinceramente, que la opinión que mantienen los británicos sobre la que fue su reina puede ser bien merecida. Aun así, setenta años en un cargo dan para mucho, y la personalidad más conocida de su majestad se comenzó a forjar desde el mismo momento en que su

El rey Eduardo VIII, fotografiado junto a su futura esposa, Wallis Simpson, por Vincenzo Laviosa, 1934.

Isabel nació el 21 de abril de 1926 en Londres, la primera hija de Alberto, duque de York, y su esposa, anteriormente Lady Elizabeth Bowes-Lyon.

tío, el rey Eduardo VIII, abdicó en 1936 para casarse con la *socialité* estadounidense y divorciada Wallis Simpson. Esa unión cambió el rumbo de su familia. Cambió el destino de su padre, que se convirtió en el rey Jorge VI, y el de su primogénita Isabel que, con estos acontecimientos, se posicionaba en primera fila de la sucesión al trono británico y se vio afectada por el cambio que recibiría en su educación.

Éste fue su gran punto de inflexión, y esto es lo que a mí me interesa, su personalidad sin máscaras, quién era, qué sentía —o no sentía—, y qué es lo que en realidad quería la niña, después la esposa, más tarde la madre, y al fin la reina.

Su perfil más personal a través de lo que ha trascendido de ella, que es mucho, nos despeja muchas incógnitas de quién era la mujer detrás de la corona. Sin embargo, una parte muy importante del perfil más íntimo de la reina, se lo debo a una persona que fue muy cercana a ella y que conocí en Windsor. Me parece importante decirlo. Su nombre, como ha podido deducir, no aparecerá en estas páginas por deseo suyo, pero también le digo que aquí no será relevante.

Pues bien, todos estos datos recabados los he analizado, teniendo en cuenta también sus comunicados, informes financieros, artículos de prensa, reportajes, documentales, y los archivos reales de Windsor, custodios de grandes secretos.

Perfil de la reina Isabel II

El síndrome de la hiperresponsabilidad

Elizabeth Alexandra Mary, nació en el hogar de su abuelo, en el número 17 de Bruton Street, del barrio londinense de Mayfair. En esa época, 1926, los bebés reales nacían en el hogar. La tradición de los partos en los hospitales aún no había llegado.

Isabel, de carácter fuerte, poco empática, hasta el punto de parecer indolente, no asistió nunca al colegio. Fue educada, junto a su hermana Margarita, por la institutriz Marion Crawford —a quien las niñas llamaban Crawfie— y, desde que se supo que sería heredera al trono, aconsejada por el mismísimo primer ministro, Winston Churchill.

Lilibet, como la llamaba su padre, el rey Jorge VI (1895-1952), fue criada en el sentido del deber, y recibió una enseñanza en la que los sentimientos personales no debían contar. Fue educada para censurar sus propias emociones, lo que provocó que no distinguiese los sentimientos de quienes la rodeaban. Para ella, los sentimientos, tanto propios como ajenos, eran invisibles. Ese era el principal motivo por el que la reina no alteraba nunca su estado de ánimo.

Los miembros de la realeza tienen que tener magia, algo divino, y mostrar las flaquezas, enfermedades, sentimientos, no tiene ninguna señal de deidad y sí mucho de humano. Ellos no debían mostrarse humanos.

El afán de su padre, o más bien, de los que le aconsejaban, por preparar de forma rápida y adecuada a una digna sucesora, causó sus estragos en una niña que desde pequeña sufrió lo que podríamos llamar el síndrome de hiperresponsablilidad.

Sin duda, ese fue un escenario mal gestionado por la noticia de la inesperada subida al trono de su padre Jorge VI, tras la abdicación de su hermano, el rey Eduardo VIII.

Con apenas diez años, Lilibet, tenía que ser responsable y someterse a una cadena de exigencias en la cual a cada momento se enfrentaba a un nuevo «tengo que», «debo de», o «necesito que». Un código social que le exigía cada vez más intensamente que se mantuviera impecable, y al mismo tiempo la alejaba de sus necesidades como niña. Estos excesos, extendiéndose en el

Arriba, Isabel y Felipe posando para la foto de compromiso, 18 de septiembre de 1947. Debajo, invitación a la ceremonia de su boda.

tiempo, fueron desencadenando un cierto desequilibrio en su preparación como adulta, y provocaron serias dificultades en la comunicación familiar, y también en la interpersonal.

Cuando falleció su padre, el rey Jorge VI, Isabel tenía veintiséis años y estaba de viaje en Kenia con el duque de Edimburgo. Al recibir la noticia, Isabel no derramó ni una lágrima y, con una tranquilidad aprendida, le dijo a su esposo: «Lo siento, pero tenemos que regresar a Inglaterra».

Más adelante volveremos a este episodio.

Príncipe Felipe, su roca

El camino de casados, setenta y cuatro años que recorrieron juntos la reina Isabel y su esposo Felipe, duque de Edimburgo, no fueron siempre una historia de amor y cuento. Como en casi todas las relaciones de pareja también existieron sus momentos de tormenta, algunas de las cuales tenían que ver con presiones sociales, y otras muchas con supuestas infidelidades del marido.

Los futuros esposos se conocieron en la infancia, en 1934, durante la boda de la princesa Marina de Grecia y Dinamarca con el duque de Kent. En ese momento, Isabel tenía tan solo ocho años, y Felipe, que entonces se llamaba príncipe Felipe de Grecia y Dinamarca, tenía trece años.

La pareja se reencontró en 1939, cinco años más tarde, en el Royal Naval College de Dartmouth, que Isabel visitó junto a su familia. En este segundo encuentro, la reina tenía trece años y el príncipe dieciocho.

Sin embargo, nunca hubo un flechazo entre ellos. No hubo amor a primera vista, ni mariposas revoloteando, ni nada parecido. La relación entre Isabel y Felipe se consolidó a lo largo de los años, y la pareja se comprometió oficialmente en julio de 1947. Fue un noviazgo tranquilo.

Fotografía oficial de la boda de la princesa Isabel y su nuevo esposo, el príncipe Felipe, duque de Edimburgo, tomada tras su regreso al Palacio de Buckingham después de su boda en la Abadía de Westminster, el 20 de noviembre de 1947.

Isabel y Felipe durante su luna de miel.

Se casaron el 20 de noviembre de ese mismo año en la abadía de Westminster. La ceremonia contó con dos mil invitados, y cientos de miles de personas esperaron en el exterior del Palacio para felicitar a la nueva pareja.

La boda fue retransmitida a doscientos millones de personas por radio a través de la *BBC*, lo que permitió que una audiencia masiva de todos los continentes presenciara el evento. Fue la primera boda real que se retransmitía a nivel planetario, y también la primera boda real después del fin de la guerra. Había mucha expectación.

La pareja real durante la Gira Real de 1953/1954, en Cambridge, Waikato (Nueva Zelanda), el 1 de enero de 1954.

Aunque, en un principio la idea de que Isabel se casara con Felipe no gustó demasiado a los consejeros del rey, ni tampoco a la madre de la novia, porque era extranjero y no disponía de holgura financiera, y no lo veían suficientemente bueno para ella, terminaron por aceptarlo.

Los novios recibieron más de dos mil regalos que fueron llegando de todas partes del mundo. El vestido de novia de la princesa Isabel estaba hecho de seda importada de China, con aplicaciones de cristales y diez mil perlas. Fue diseñado por el modisto Norman Hartnell, y para conseguir todos los materiales que necesitaba la confección de su vestido, en un país devastado económicamente por la posguerra, Isabel recurrió a los cupones de racionamiento. Y, para su ramo de novia hizo que escogieran orquídeas y mirto blanco del árbol que había plantado la reina Victoria después de su boda. El anillo de compromiso fue diseñado por el príncipe Felipe, el novio, y estaba hecho con diamantes de la tiara de su madre.

Ese mismo día, el de la boda, el rey Jorge VI le concedió a Felipe el tratamiento de Su Alteza Real y lo nombró duque de Edimburgo, conde de Merioneth y barón de Greenwich. Felipe, a su vez, renunció a sus títulos griegos y daneses, adoptando el apellido Mountbatten, versión más anglificada de su apellido paterno, Battenberg. Esa sería su nueva posición dentro de la familia real británica. Una posición con la que nunca se sintió cómodo.

Ni los títulos, ni tampoco el tratamiento de Ateza Real fue suficiente para conformar a Felipe, y siempre se quejó de no haber podido ser reconocido como rey y tener que aparecer únicamente como el consorte y el marido de la reina. El papel de segundón no lo llevó bien nunca. Tal vez, una de sus frases más icónicas expresa el sentimiento del duque a la perfección «No soy más que una maldita ameba».

Sí, hubo muchos momentos de inquietud sentimental que afectaron a la soberana; ausencias maritales, habitaciones separadas, disconformidad, quejas, reclamación de derechos, desplantes, así como muchas escenas en las que la reina tuvo que imponer límites a su marido y dejar

Retrato oficial del rey Jorge VI, en torno a 1940.

bien asentada una máxima que siempre seguiría, la de atender todos sus consejos, pero dejando muy claro que la última decisión —le gustase o no— le correspondía tomarla a ella, a la reina. Ella era la reina, y él no.

Pese a ello, Isabel siempre dijo que Felipe era su «roca». Su apoyo y lealtad a la institución eran un baluarte para la monarca. Felipe le aportaba la estabilidad que la soberana necesitaba y la complicidad mutua siempre fue evidente. Su unión ha sido una de las más longevas y sólidas en la historia real, con casi ochenta años de relación.

La entonces princesa Isabel partió hacia Nairobi el 31 de enero (izquierda) y regresó como reina el 7 de febrero (derecha).

La muerte de su padre, el rey Jorge VI

Ahora sí vuelvo a la muerte del rey Jorge VI. Poco imaginaba la entonces princesa Isabel al emprender una gira de la Commonwealth con su esposo, el duque de Edimburgo, que pocos días después de partir del aeropuerto de Heathrow ese 31 de enero de 1952, sería la última vez que iba a ver con vida a su padre. Y, también la última vez que iba a pisar Londres como princesa.

El 6 de febrero de 1952, Isabel II se encontraba en Kenia en un viaje oficial que incluía una estancia en la Sagana Lodge, una casa de retiro situada a orillas del río Sagana que fue construida como residencia real. Este viaje tenía como propósito dar presencia británica en el continente africano, en ese momento en plena zozobra por la rebelión Mau Mau que estaba luchando contra el colonialismo británico. Y, al mismo tiempo, el viaje debía permitir a la pareja real disfrutar de un tiempo de descanso y relajación. Todo parecía en orden y, en cierta manera, idílico. Pero la magia natural de la selva, llegó a su fin mucho antes de lo esperado.

Isabel y Felipe acababan de regresar del hotel Treetops, construido sobre las copas de los árboles, donde habían pasado algunos días en un entorno casi mágico, y que les había permitido observar de cerca la fauna local disfrutando de una total seguridad. Habían hecho una pequeña visita lugareña y se habían instalado de nuevo en Sagana Lodge.

Mientras esto sucedía, los problemas de salud del rey Jorge VI se agravaron. El monarca había sido diagnosticado con un cáncer de pulmón un año antes. Precisamente, ese fue el motivo por el que tuvo que reorganizar sus planes del viaje oficial que tenía anunciado por tierras de la Commonwealth y enviar en su nombre a Isabel con el duque de Edimburgo. Ese día seis de febrero, a las 7:30 de la mañana, el rey fue hallado muerto en su dormitorio de Sandringham House. Mientras dormía sufrió una trombosis coronaria que acabó con su vida.

Es posible que el rey ya hubiese muerto mientras los príncipes se instalaban en Sagana Lodge, aunque Isabel aún no lo sabía. «Fue la última en enterarse», se dijo al día siguiente. El hecho es que el Gobierno británico había enviado un mensaje cifrado al gobernador local para que se lo entregasen con urgencia a la princesa. Sin embargo, el mensaje no fue leído. Aún pasaron unas horas hasta que Michael Parker, ayudante de Felipe fue avisado por el secretario privado de la reina, Martin Charteris. Parker explicó lo sucedido a Felipe «El rey murió mientras dormía».

Felipe fue al encuentro de su esposa y le dio la noticia. Su padre había muerto. Ella era reina.

La noticia no solo significó el fin de la escapada, sino que también marcó el inicio de una nueva fase en su vida: su ascenso al trono como la monarca del Reino Unido. El rey había muerto y la nueva reina, Isabel II, había nacido.

Durante el viaje de vuelta, la soberana hizo que le prepararan la ropa de luto. Desde hacía algún tiempo, ya con su padre enfermo con cáncer de pulmón, siempre la llevaba en su equipaje. Aquí vemos una muestra clara de su deber por encima del sentimiento, y de lo mucho que se exigía a sí misma. Había sido minuciosamente preparada para ello.

Al día siguiente, el 7 de febrero, Isabel II aterrizó en el aeropuerto. Un día después, el viernes a las diez de la mañana, la reina se dirigió al Palacio de Saint James, y ante el consejo de adhesión prestó su juramento, declaró que siempre trabajaría para defender al gobierno

Isabel II con la Corona del Estado Imperial y sosteniendo el Cetro y el Orbe del Soberano después del día de su coronación en 1953.

CORONATION OF HER MAJESTY QUEEN ELIZABETH II

By Command of The Queen

the Earl Marshal is directed to invite

to be present at the Abbey Church of Westminster on the 2nd day of June 1953

Norfolk.
Earl Marshal

Invitación a la ceremonia de coronación de Isabel II.

y promover la felicidad y prosperidad de sus pueblos en todo el mundo.

En ese momento, el rey de armas de la Jarretera hizo la proclamación oficial que fue precedida por toques de trompeta y dio paso libre para que los altos comisionados de otras ciudades del país replicasen la proclamación de su reina.

Cuatro días más tarde, el 11 de febrero, el ataúd con el cuerpo sin vida de Jorge VI fue llevado en procesión a la estación de tren con destino a King's Cross de Londres. Desde allí, el féretro se llevó al palacio de Westminster donde se instaló su capilla ardiente durante tres días, para después ser trasladado a Windsor. El quince de febrero tuvo lugar su funeral de Estado con su hija Isabel II, la reina madre, y la princesa Margarita, al frente de la procesión. El servicio religioso tuvo lugar en la Capilla de San Jorge del castillo de Windsor, y sus restos fueron depositados en la bóveda real de la capilla. Su funeral fue el primero de un monarca británico que fue retransmitido por televisión.

Como curiosidad, le cuento que el anuncio de esta retransmisión dicen que provocó un alud de compras de televisores en toda Gran Bretaña. Esto ayuda, y mucho, a ser conscientes de la gran popularidad que la monarquía británica ha tenido siempre y, por otro lado, también nos da una explicación de porqué la vida de sus miembros son tan seguidas por los ciudadanos. El protagonismo de la familia real y de quienes la componen no puede escogerse para unos eventos sí y para otros no.

Sus vidas interesan porque ellos mismos hacen que sean interesantes.

Y, si el funeral del rey Jorge VI fue el primero en ser televisado, la coronación de su hija como Isabel II, también fue la primera en ser televisada y vista por veintisiete millones de personas en todo el país, sin contar todos los países del extranjero que se sumaron a ver un evento de tres horas ese día 2 de junio de 1953.

God save the Queen

Isabel hizo su entrada en la Abadía de Westminster bajo los compases de I was glad, a las once de la mañana. Caminó por el pasillo ataviada con su vestido de coronación, confeccionado en satén blanco con cristales y bordados en oro y plata con los emblemas del Reino Unido y de la Commonwealth, diseñado por Norman Hartnell. Y, para quien pueda interesarle le digo que en el vestido se invirtieron más de tres mil horas de trabajo. Sus adornos fueron complementados con la diadema de Estado de Jorge IV con perlas incrustadas y mil trescientos diamantes; sobre sus hombros, la capa de Estado fabricada en terciopelo rojo y armiño.

Isabel fue ungida con la base del aceite santo que se había utilizado para la coronación de su padre. En ese momento la reina había sido despojada de la capa y cuatro caballeros de la Orden de la Jarretera la cubrieron con un dosel de seda blanco para que ese instante sagrado no fuese visto ni por las cámaras ni por los invitados.

A continuación, la capa real, el orbe soberano, el cetro de la cruz, el anillo de la reina, y la coronación por el arzobispo de Canterbury imponiendo la corona de san Eduardo sobre la cabeza de la reina. El grito de ¡Dios salve a la reina! y los 21 disparos de salva desde la torre de Londres, dieron el paso a que todos los obispos y su esposo, el príncipe Felipe, le jurasen su lealtad. Después de esto la reina caminó a través de la nave mientras sonaba el *God Save The Queen*.

Coronación y tres Jubileos

La coronación 1953

—La coronación de la reina Isabel II tuvo lugar el 2 de junio de 1953 en la Abadía de Westminster en Londres. Fue un evento majestuoso que se llevó a cabo con el gran ceremonial que simbolizaba la continuidad de la monarquía, donde la  reina recibió la unción, fue investida con los símbolos del poder real y juró servir a su país y a su pueblo.

—La ceremonia de coronación fue la primera en ser televisada, y fue vista por unos veintisiete millones de personas en el Reino Unido, a los que habría que sumar once millones más que la siguieron por la radio, y unos tres millones de personas que se alinearon en la ruta para ver de cerca el séquito y la procesión que regresaba al palacio de Buckingham.

Jubileo de Plata 1977 (25 años en el trono)

—El Jubileo de Plata fue un momento significativo en el reinado de Isabel II. Se celebró el 7 de junio 1977 en la Catedral de San Pablo.

—La reina Isabel y su esposo, el príncipe Felipe, viajaron desde el palacio de Buckingham hasta la Catedral en el carruaje de oro del estado (*Gold State Coach*), desde dónde saludaban a las miles de personas que habían salido a sus calles para homenajear a su reina.

—Isabel II vestía de rosa y remataba su atuendo con un sombrero que había adornado con veinticinco cascabeles de tela.

—Allí, en la Catedral de San Pablo, la reina repitió su promesa de hacía veinticinco años, reafirmando su vida al servicio de la nación añadiendo que «no me retracto de una sola palabra de mi promesa».

Jubileo de Oro 2002 (50 años en el trono)

—El Jubileo de Oro de la Reina Isabel II se celebró en 2002 para conmemorar sus 50 años en el trono. La ceremonia tuvo lugar en la Abadía de Westminster en Londres. Se estima que alrededor de 1 millón de personas se congregaron en las calles para presenciar el desfile real, y millones más lo vieron por televisión. La Reina expresó su agradecimiento por el apoyo recibido a lo largo de los años. El evento es-

tuvo marcado por la ausencia de la Princesa Margarita, quien falleció dos meses antes, y de la Reina Madre, fallecida poco tiempo antes del jubileo. La Reina Isabel II y el Duque de Edimburgo recorrieron las calles en el Carruaje de Oro desde la Abadía de Westminster hasta el Palacio de Buckingham, donde saludaron a la multitud desde el balcón real.

Jubileo de Platino 2022 (70 años en el trono)

—El Jubileo de Platino de la reina Isabel II en conmemoración de sus setenta años en el trono dio paso a diferentes eventos relevantes como la apertura al público de sus joyas y armarios en tres exposiciones que se fijaron en Edimburgo y Windsor.

—El programa conmemorativo fue extenso, desde la apertura de propiedades privadas de la monarquía hasta concierto y la participación de países de la Commonwealth.

—Aunque, sin duda, la jornada para la reina se vio ensombrecida por la ausencia del Duque de Edimburgo, quien falleció en abril del año anterior.

—Después del desfile de clausura, se leyó una carta de agradecimiento de la reina en la que dijo estar «honrada y profundamente conmovida», haciendo referencia a las celebraciones, y volvió a repetir su promesa de seguir comprometida con servir como monarca a su nación.

Todo el conjunto vivido por la reina en su infancia ha tenido consecuencias psicopatológicas y psicosomáticas que han desencadenado en una conducta excesiva y, posiblemente, desgastadora para los más cercanos. Al exigirse tanto a sí misma, también lo hace con los demás, resultando difícil que las personas estén a la altura de sus expectativas.

Primer gran problema: Margarita

Un ejemplo claro lo encontramos en la relación con su hermana Margarita, uno de los problemas familiares

Las princesas Margarita (centro) e Isabel (derecha) posando en una fotografía junto a su abuela paterna, María de Teck, 1939.

con los que lidió Isabel durante años, además del de su primogénito Carlos, ahora rey Carlos III, y el de su vástago preferido el príncipe Andrés, de quienes hablaré más adelante.

El primer hecho al que me refiero tuvo lugar poco antes de la coronación, cuando su hermana Margarita le dijo a la ya reina que se había comprometido con Peter Townsend, un plebeyo divorciado con dos hijos y dieciséis años mayor que ella. Toda una bomba para la soberana.

Margarita estaba enamorada, ilusionada, y expresó su máximo deseo de contraer matrimonio con él.

La reina se opuso.

Cierto es que el enlace le presentaba varios conflictos a la recién estrenada monarca. El primero, que iba contra las normas de la Iglesia porque Townsend estaba divorciado. Y, no hay que olvidar que Isabel, como soberana del Reino Unido, también era la cabeza de la Iglesia Anglicana. En segundo lugar, la reina sabía que en una sociedad conservadora como era la del momento, no se aceptaría de buena gana esa unión. Por no hablar del Gobierno que también se mostraría en contra del matrimonio.

Como era de esperar, decidió la Isabel reina y no la Isabel hermana. Margarita no se casó con Peter Townsend.

Las consecuencias fueron fatales para la princesa Margarita que entró en una espiral de tristeza que la llevó a una depresión que maridaba con el exceso de alcohol y otras adicciones. Esta situación, sin duda, marcó la vida de Margarita y también la relación de afecto entre las hermanas.

PUNTOS RELEVANTES EN LA VIDA DE LA PRINCESA MARGARITA

1. Nació en 21 de agosto de 1930 en el Palacio de Glamis, Escocia, como la segunda hija del rey Jorge VI y la reina Isabel.
2. Se casó en 1960 con Antony Amstrong-Jones, conde de Snowdon, con quien tuvo dos hijos, David y Sarah.
3. Fue conocida por su personalidad altanera y su estilo de vida glamuroso.

4. Fue presidenta de varias organizaciones benéficas.
5. En sus últimos años tuvo problemas de salud y varios derrames cerebrales.
6. Falleció el 9 de febrero de 2002 a los 71 años.
7. Durante la segunda Guerra Mundial, sirvió en el Cuerpo Auxiliar Territorial.
8. Margarita fue el primer miembro de la familia real en trabajar como civil al unirse a la Real Fuerza Aérea.
9. Su romance con el Peter Townsend, un oficial de la RAF divorciado, provocó un gran problema para el *establishment* y, en particular, para la reina. Finalmente Margarita renunció a casarse con él debido a las restricciones impuestas por la Iglesia de Inglaterra.
10. Fue conocida por su afición a la moda y su participación en la escena social y cultural de la época.
11. Su matrimonio con Antony Armstrong-Jones terminó en divorcio en 1978, convirtiéndose en el primer miembro de la realeza británica en hacerlo desde 1901.
12. Margarita fue una figura controvertida debido a su estilo de vida y sus decisiones personales.
13. La muerte de Margarita provocó un impacto significativo en su madre, la Reina Madre, cuya salud se deterioró rápidamente después del fallecimiento.
14. Fue una figura importante en la realidad británica y en la sociedad en general.
15. Margarita participó en numerosos eventos oficiales y representó a la corona británica en el extranjero.

Isabel había abierto la caja de Pandora de la princesa, y esa caja estaba repleta de los innumerables quebraderos de cabeza que aún le restaban por venir.

Por un lado, la reina Isabel, astuta, discreta y con una disciplina bien ensayada. Y, por el otro, la princesa Margarita, rebelde, resentida y salvaje. Una relación de hermanas compleja y llena de altibajos.

La princesa Margarita en Jamaica, 1955.

9 PUNTOS EN LOS QUE LA PRINCESA MARGARITA REPRESENTÓ UN PROBLEMA PARA ISABEL II

1. **Diferencias en la personalidad y estilo de vida:** La personalidad más alocada y rebelde de Margarita contrastaba con la seriedad y compromiso de Isabel II, lo que probablemente generó tensiones en la forma en que ambas afrontaban sus responsabilidades reales.

2. **Controversias matrimoniales:** Su relación con Peter Townsend, un oficial de la RAF divorciado provocó un gran problema para su hermana la reina y, finalmente, renunció a casarse con él debido a las restricciones impuestas por la Iglesia de Inglaterra, lo que generó tensiones y escándalos en la familia real.

La princesa Margarita y Lord Snowdon de compras en Leidsestraat, Amsterdam, 1965.

3. **Problemas de salud y adicciones:** La princesa Margarita se enfrentó a problemas de salud derivados del tabaco, alcoholismo y drogas.

4. **Impacto en la imagen de la familia real:** Los escándalos y el controvertido estilo de vida que vivió Margarita, afectaron a la imagen pública de la familia real.

5. **Diferencias en la forma de afrontar las obligaciones reales:** La personalidad rebelde de Margarita contrastaba con la seriedad y el compromiso de su hermana la reina. Un gran tensión cuando tocaba afrontar responsabilidades reales.

6. **Dificultades en la relación fraternal:** Aunque ambas se adoraban y estaban visiblemente unidas, la relación entre ambas sufrió muchos vaivenes cuando sus personalidades chocaban.

7. **La presión pública:** Los escándalos y problemas personales de la princesa Margarita generaron una gran presión adicional en su hermana Isabel quien tuvo que lidiar con el impacto público y mediático de las acciones de su hermana.

8. **Preocupación en la salud:** Las adicciones y los problemas de salud que acarreaba la princesa Margarita representó un problema constante para la reina.

9. **Imagen y estabilidad:** Para una personalidad como la de Isabel II, la vida controvertida de su hermana le rompía todos los esquemas. Intentar mantener la estabilidad y la imagen pública de Margarita en consonancia con la familia real también se convirtió en un problema.

Isabel adulta, Isabel reina, tiene necesidad de ser admirada y de destacar de los demás. A simple vista podríamos pensar que es algo inherente a su cargo, pero no es así. Un ejemplo claro lo viví cuando investigué la muerte de la princesa Diana en 1997, y descubrí los celos que la reina —no fue la única— llegó a manifestar por la atención popular que recibía la princesa, y su miedo a quedarse en un segundo plano, unas características propias de una personalidad narcisista.

Sus trajes, de colores llamativos, y los adornos que siempre llevaba, son una consecuencia de querer ser vista, a no pasar inadvertida.

El juez que habitaba dentro de ella la continuaba reprendiendo, y eso hacía de espejo hacia los demás, hacia sus hijos. No ha sido una buena madre; ha sido una madre indiferente, que no le ha importado sacrificar su vida familiar para ejercer de reina y, por tanto, sacrificar también la de sus hijos. Siempre en nombre del deber, de ese deber que le inculcaron en la infancia.

La reina empresaria

Isabel II era la mayor terrateniente del mundo —ahora lo es Carlos III—, aunque conocer toda su fortuna es casi imposible. Es un gran misterio escondido detrás de leyes diseñadas para proteger su valor, y que forman un intricado laberinto de empresas, fideicomisos, latifundios, acciones, ducados y más, registrados dentro y fuera del territorio británico.

Nominalmente, puedo decir que posee aproximadamente una sexta parte de la superficie del planeta, y desde el año 2004, por una ley del Parlamento, la reina también era dueña y tenía derecho a cobrar regalías por el fondo marino de toda su costa. Su mayor extravagancia ha sido comprar un McDonald's.

El duque de Edimburgo, fallecido en 2021, conocido por sus comentarios altaneros, describió a su Casa con la célebre frase del rey Jorge VI —padre de la reina—, como «La Firma», «no somos una familia, somos una firma». Y lo son. Son un negocio con un patrimonio de 42000 millones de euros en el momento de su muerte.

Su mayor extravagancia, un McDonald's

—La reina Isabel poseía un McDonald's, en el que incluso podías pedir desde el automóvil.
—Queen's Mcdonald's, tiene sofás de cuero, menú digital, sillas Eames, suelo de madera, y servicio en la mesa.
—Está ubicado en el parque comercial Banbury Gateway, en Oxfordshire.
—Los terrenos forman parte de The Crown State, propiedad que la soberana pasó directamente a su heredero al trono, el rey Carlos III.

Su empresa familiar, que opera bajo el nombre The Crown State, aglutina castillos, palacios, asesores de comunicación, lacayos, jardineros, secretarios privados, y todos los cisnes del Reino Unido. Solo en el palacio de Buckingham hay más de cuatrocientos empleados.

La familia real va más allá de sus propios miembros. Insisto, el deber y los negocios de Isabel II son lo primero, y los lazos familiares quedan en segundo plano.

Isabel II era (continúa siendo) una marca poderosa, y ella fue siempre consciente de ello. Le gustaba.

Foto de la familia real en agosto de 1951 en Clarence House, la residencia real en Londres.

Isabel, una madre poco implicada

Digamos que el núcleo duro de la familia real, esto es, padres, hijos, nietos… no mantienen, ni de lejos, lo que nosotros entendemos como relación familiar. Para empezar, no se comunican entre ellos. Se comunican, claro, pero lo hacen a través de secretarios privados, incluso en los temas personales como podría ser una invitación a tomar el té o a cenar. El asunto funciona más o menos así: Si la iniciativa partía de la reina, ésta escribía una nota con su membrete y se la entregaba a su secretario, que a su vez la entregaba al secretario de a quién correspondía la invitación. La respuesta se hacía a través del mismo método.

Algunas series para televisión, y diferentes ficciones, muestran a unos hijos, todavía pequeños, dirigiéndose a su madre como «mam». Nada de esto es cierto. La realidad, es que los hijos de la reina han tenido que dirigirse a su madre como «majestad», y solicitar cita previa para hablar con ella.

> *Los lazos familiares quedan en un segundo plano.*
> *El deber y los negocios son lo primero en*
> *«la familia»*

HIJOS DE ISABEL II

—**Carlos**, rey de Inglaterra.
   Fecha de nacimiento: 14 de noviembre de 1948.
—**Ana**, princesa real.
   Fecha de nacimiento: 15 de agosto de 1950.
—**Andrés**, duque de York.
   Fecha de nacimiento: 19 de febrero de 1960.
—**Eduardo**, duque de Edimburgo.
   Fecha de nacimiento: 10 de marzo de 1964.

Las mayores contradicciones las recibió de sus hijos. Le perturbaban los escándalos mediáticos a los que estos la sometían de continuo: Carlos, Ana, Andrés y, el que menos, Eduardo.

Isabel II era de ideas fijas, y nunca hacía cambios en su agenda. Sus vacaciones siempre siguieron el mismo patrón, sobre todo, las de Navidad y las de verano. Las primeras tocaban en Sandrinham House, su casa de campo de treinta y dos kilómetros cuadrados. Allí acudía desde que murió su padre en 1952, y allí permanecía hasta febrero, pasado el aniversario de su muerte. Las segundas, en el Castillo de Balmoral. Ambos son de su propiedad, no forman parte de los bienes del estado. Una única excepción fue en 2020 que celebró las Navidades junto a su esposo en el Castillo de Windsor, debido a la pandemia.

Según las fuentes más cercanas, la monarca prefería pasar más tiempo con sus perros y sus caballos que con su familia, y así lo demostró habitualmente.

Segundo gran problema: Carlos

Sin duda, su hijo Carlos, ahora rey de Inglaterra, fue otro de los grandes problemas que sufrió la reina, y no solo fue un quebradero de cabeza para ella, sino que también lo fue para toda la institución.

Ya de pequeño —también de joven—, Carlos mostraba una personalidad que inquietaba a su madre. El entonces príncipe era reservado, solitario, amante de la historia, y un alumno mediocre. Era un niño tranquilo. Demasiado tranquilo para la herencia que tenía que recibir y convertirse un día en el máximo representante de la familia real, su familia.

El príncipe Carlos con su madre, padre y hermana, 1957.

Ese carácter pacífico, diametralmente opuesto al de sus progenitores chocó directamente con la rigidez de la educación que recibía. Carlos no era feliz.

Todas las decisiones que tomaron tanto la reina como su marido estuvieron destinadas a fortalecer el ánimo de Carlos y prepararle para el trono de Inglaterra. No daba resultado.

Así es como creció el tortuoso primogénito de la reina, exacerbado por un marcado sentido del deber impuesto, y abrumado por una cantidad ingente de normas protocolarias. Él simplemente quería ser invisible al mundo. Tal vez su hijo Guillermo ha heredado esa querencia de su padre: la invisibilidad.

Carlos creció y su personalidad se fue adaptando, pero su falta de amor en la infancia iba a vengarse, y mucho, de todos aquellos que habían manipulado su carácter. Carlos necesitaba caricias, y las necesitaba a granel, todas las caricias que le habían sido negadas en la infancia. Así, en este escenario afectivo llegó Camila Shand a su vida.

El resto de la historia la continuaré en el siguiente capítulo, pero esta introducción aquí me parecía del todo necesaria para entender como se gestó ese problema llamado Carlos.

Camila y Carlos, Carlos y Camila, esa era una unión nacida de la necesidad y que como tal se convirtió casi en una adicción para el príncipe de Gales. Después llegó de nuevo la responsabilidad y con ella la imperiosidad de casarse con una mujer virgen, adecuada. Y esa no era Camila. La escogida fue otra, la escogida fue Diana Spencer, una mujer joven, virgen, guapa, aristócrata. Adecuada.

Y la ecuación de un problema sin solución ya estaba en marcha. Los tres avanzaron como uno solo para obstaculizar el tan preciado tesoro de la monarquía. Había que hacer algo, y la reina lo hizo. Dar el visto bueno al compromiso y matrimonio de Carlos con Diana. Problema resuelto.

Sin embargo, nada más lejos de ser un problema resuelto porque el enlace se convirtió en un escollo más difícil aún de solucionar.

La percepción pública del matrimonio real radica en aparentar un símbolo de estabilidad y de continuidad de la monarquía. En este caso concreto, la falta de compatibilidad entre Carlos y Diana socavó la imagen de la familia real como una institución cohesionada. Las declaraciones vertidas por ambos acusándose mutuamente de infidelidad y arrojando al público sus conflictos internos afectó a la desilusión y a la opinión pública. También a la institución.

El heredero al trono de Inglaterra no podía tratar a su mujer de esa manera, ni podía engañarla con una amante, Camila. A la reina le costó, y mucho, manejar esta crisis personal de su hijo que llegó a convertirse en un problema de estado.

Y, llegó otra solución parcial, el divorcio. Después hablaremos de ello.

Enfrentando los problemas

Como está viendo, Isabel II ha sido una figura icónica en la historia británica. Sin embargo, como apunto aquí, la reina tampoco se ha librado de estos momentos difíciles en su largo reinado.

En 1992, la soberana se refirió a ese año como su *annus horribilis* debido a los múltiples problemas que enfrentó la familia real, incluyendo el colapso de los matrimonios de tres de sus hijos, el incendio en el Castillo de Windsor y la publicación de fotos de la duquesa de York en *topless*.

El día 24 de noviembre de ese mismo año, con sus doce meses casi consumidos, la monarca llegó al palacio

La duquesa de York en topless. La imagen surgió cuando ella todavía estaba casada con el príncipe Andrés, pero separada del mismo.

de Guildhall de Londres vestida de verde. Llevaba a sus espaldas muchas décadas de mandato, pero, aún así, se movía inquieta. Era un momento crítico para ella porque se disponía a pronunciar uno de los discursos más íntimos de toda su trayectoria profesional.

Al empezar a hablar ante el micrófono quiso reflejar su descontento por todo lo que había sucedido, y lo hizo con estas palabras «1992 no es un año en el que mire atrás con gusto. En palabras de uno de mis corresponsales más comprensivos ha resultado ser un "annus horribilis". Sospecho que no soy la única que lo piensa así… A veces me pregunto cómo juzgarán las generaciones futuras los acontecimientos de este año tumultuoso. Me atrevo a decir que la historia adoptará una visión un poco más moderada que la de algunos comentaristas contemporáneos… A todos ellos les pido un toque de gentileza, buen humor y comprensión».

Y, fue precisamente en ese discurso en el que la reina comenzó a ensayar gestos de humildad y a intentar convencer a sus súbditos de que la casa de Windsor estaba compuesta por seres de carne y hueso, con sus errores y flaquezas. A partir de aquel momento, comenzaron las obras de reparación del edificio Windsor y también de la institución. La reina y el príncipe de Gales se comprometieron a comenzar a pagar impuestos por sus ingresos privados y accedieron a que el Parlamento realizara un control más transparente de sus finanzas. El número de miembros de la familia real a sueldo del erario público se redujo notablemente, e Isabel II se comprometió a mantener de su bolsillo a algunos de sus parientes más alejados.

EVENTOS A LOS QUE LA REINA SE REFIERE COMO SU «ANNUS HORRIBILIS» EN 1992

—El 19 de marzo se anuncia oficialmente que su hijo, el príncipe Andrés, se separaba de su esposa Sarah Ferguson.

—El 23 de abril su hija, la princesa Ana, se divorcia de su esposo el capitán Mark Philips.

—El 8 de junio se publica la biografía de la princesa Diana escrita por Andrew Morton, en la que se revela por primera vez el romance extramatrimonial del príncipe de Gales con Camila Parker Bowles.

—El 20 de agosto el rotativo *Daily Mirror* publicó unas fotos de Sarah Ferguson con su íntimo amigo John Bryan en las que aparecía besándole los pies.

—El 24 de agosto, *The Sun*, publicó unas grabaciones de llamadas telefónicas entre la princesa Diana y su supuesto amante James Gilbey, y le decía que temía estar embarazada y que su marido Carlos hacía que su vida fuese una auténtica tortura.

—El 13 de noviembre el *Daily Mirror* publica la transcripción de unas llamadas telefónicas muy íntimas entre el príncipe Carlos y Camila Parker Bowles, dónde él le decía que quería ser uno de sus tampones.

—El 20 de noviembre, se incendió el castillo de Windsor sufriendo considerables daños y siendo la reina quién tuvo que hacer frente a la reforma.

A pesar de los inconvenientes que ha enfrentado la reina, la monarquía británica ha sobrevivido a lo largo de los siglos y ha evolucionado para adaptarse a los tiempos cambiantes. Algunos incluso afirman que la familia real eventualmente podría emerger fortalecida de sus problemas, y que los traumas que éstos representan podrían ayudar a la institución a modernizarse y a conectarse mejor con el público. Bueno, es una manera de verlo.

Y, si digo que 1992 fue un año «horrible» para la reina, aún faltaba mucho por llegar. Cinco años después, en agosto de 1997, tenía lugar el suceso que pondría en jaque su reinado. Su ex nuera, la princesa Diana, fallecía en París.

La muerte de la princesa Diana en 1997 fue un momento difícil para la reina Isabel II y para toda la familia real británica. La noticia de la muerte llegó mientras la reina se encontraba en Balmoral, su residencia de verano en Escocia. Lo curioso, fue el silencio que guardó tras la noticia, y lo mucho que tardó en reaccionar, incluso, desoyendo las recomendaciones de su primer ministro de entonces, Tony Blair.

Si bien, al final lo hizo. El mundo entero la obligó, el gobierno también. La reina salió de Balmoral, y también visitó los lugares donde se habían depositado flores y otros tributos en memoria de la princesa Diana, y se reunió con los miembros del público que se habían congregado allí. La reina también permitió que se colocara una bandera a media asta en el Palacio de Buckingham en señal de duelo por la muerte de la princesa Diana.

Un día después pronunció un discurso televisado en el que rindió homenaje a la princesa y expresó su dolor por su pérdida. En el discurso, la reina dijo:

«Nadie que la haya conocido podrá olvidar su cálida sonrisa, su sentido del humor y su natural elegancia. Ella era una mujer dotada de una gran belleza interior y exterior, que cautivó a todos los que la conocieron con su gracia y su compasión, y que dejó una huella indeleble en la vida de tantos otros»

El funeral de Diana fue un evento emotivo y conmovedor que atrajo la atención de todo el mundo. Miles de personas se reunieron en las calles de Londres para rendir homenaje a la princesa y para mostrar su apoyo a la familia real británica. El funeral fue transmitido en vivo por televisión y seguido por millones de personas en todo el mundo.

Si bien, aún faltaba 2019. Un año que pillaba a la soberana más ajada, más sabia, pero con menos fuerza.

En ese fin de década la soberana sufrió una serie de infortunios, incluyendo el accidente automovilístico de su esposo, el distanciamiento de sus nietos, los príncipes Guillermo y Enrique, y el escándalo por la relación del príncipe Andrés con el magnate financiero estadounidense Jeffrey Epstein.

Tercer gran problema: Andrés

Y, con su hijo Andrés, el «preferitti», llegó otro escándalo. Uno muy gordo. Uno que, en mi opinión, marcó para el resto la salud de la reina.

El escándalo sexual en el que se vio involucrado el príncipe Andrés, hijo de Isabel II, sin duda tuvo un impacto en la reina y en la madre.

En 2019, el príncipe Andrés fue acusado de tener relaciones sexuales con una menor de edad, en el marco del caso del financero estadounidense Jeffrey Epstein, acusado de tráfico sexual de menores.

De todo el entramado judicial que abarcó —y abarca— el caso Epstein, el príncipe Andrés es quien más cerca ha estado de enfrentarse a un juicio en EE. UU. por abuso sexual que le interpuso Virginia Giuffré. En la demanda, Giuffre dijo que había sido entregada por Epstein cuando tenía diecisiete años al príncipe Andrés, y que éste abusó sexualmente de ella en varias ocasiones.

El príncipe Andrés en 2007.

Hago aquí un inciso para dejar claro lo grave del asunto. El príncipe Andrés se enfrentaba a un problema judicial muy serio, y la corona iba a salir salpicada, o inundada, según se mire, con las andanzas de su príncipe.

Hablé con el fiscal David Wenstein de EE. UU., el fiscal que llevó el caso de Jeffrey Epstein, para que me dijera como estaba viendo la situación del príncipe Andrés y para que me informara si el juicio llegaría a celebrarse. El fiscal me dijo que efectivamente el príncipe Andrés se enfrentaría a un juicio con jurado si antes no llegaba a un acuerdo. Pero el acuerdo llegó. Llegó con muchos ceros. El príncipe Andrés pagó algo más de catorce millones de euros a Giuffré para no llegar a juicio. Ese dinero

El príncipe Andrés, Virginia Roberts y Ghislaine Maxwell en 2001.

salió del bolsillo personal de su madre, de sus fondos privados. Del bolsillo de la reina.

Obvio, que esto paralizó las acciones legales que estaban previstas, y que no iban a ser nada agradables, pero no le asegura al príncipe, bajo ningún concepto, que surjan otras demandantes. Sin ir más lejos, y por lo que he visto en los diferentes sumarios, hay otras mujeres —en su momento, adolescentes—, que señalan al príncipe Andrés, aunque, por el momento, no lo han acusado. Ellas son, Johana Sjoberg, y Jaen Doe 15 (Jaen Doe, es un nombre genérico que se utiliza en asuntos judiciales en EE. UU. cuando no quieren dar su nombre real. Por ejemplo, Virginia Giuffre, fue Jaen Doe 3 desde el principio del proceso a Epstein).

De haber seguido su cauce legal, el 10 de marzo de 2022, el príncipe Andrés se hubiese tenido que someter a un duro interrogatorio por parte de los abogados de Virginia, como parte del caso. El encuentro estaba previsto en Londres, y hubiese tenido una duración de dos días aproximadamente. Hasta allí viajaría el equipo legal de Giuffre, pero, ¿qué hubiese sucedido en ese interrogatorio? Nada agradable, seguro, porque, además de someterse a preguntas comprometidas, y de tener que dar explicaciones sobre su amistad con Epstein, sus viajes en el avión privado del magnate, las estancias en sus casas de Nueva York, Florida, en su isla privada, o de su presencia en las fiestas exclusivas, incluso de la estancia de Epstein en el palacio de Buckingham, podían requerirle que se sometiera a alguna prueba física.

> *«Si las partes no hubieran llegado a un acuerdo, el juicio contra el príncipe Andrés se hubiera celebrado en otoño de 2022»*

Me explico. Giuffre solicitó que en la presentación judicial, el príncipe demostrara que no podía sudar, dado que no había presentado ningún documento judicial —como se le había solicitado— que diera información sobre su «supuesta incapacidad médica para sudar» (anhidrosis, hipohidrosis), tendría que demostrarlo. Y, es que el príncipe no deja de cometer errores en su

El acuerdo firmado por el príncipe Andrés para evitar el juicio en EE. UU.

contra. En la demanda civil presentada por Giuffre, ésta dice que cuando bailaba con el príncipe Andrés, él sudaba de una forma exagerada y le daba mucho asco. El príncipe, dio una entrevista en la *BBC*, dónde respondió que eso era imposible porque «sufrí una sobredosis de adrenalina en la guerra de las Malvinas, cuando me dispararon... eso hace imposible que sude». Curioso.

Lo que podía haber pasado después del supuesto interrogatorio al príncipe, si las partes no hubiesen llegado a un acuerdo, es que el juez habría señalado una fecha para el juicio que, posiblemente, hubiese llegado en otoño. El procedimiento previsto, tal y como me explicó durante la entrevista el ex fiscal de Estados Unidos,

David S. Wenstein, un día antes de conocerse el acuerdo, es éste:

> «...*en el caso de que se vaya a juicio, será frente a un jurado. Es un caso civil y el juicio tendrá que llevarse a cabo en los EE. UU. y no en el Reino Unido; el príncipe tendría que viajar a los EE. UU. y tendría que sentarse en la sala de un tribunal de los EE. UU.. Ahí es donde se llevaría a cabo este caso, pero realmente creo que el daño que ha sufrido la imagen pública del príncipe Andrés, no va a mejorar, aunque el caso vaya a juicio. Aunque, creo que esto se resolverá sin un juicio con jurado, porque no creo que el caso finalmente vaya a juicio.*»

El problema de llegar a un acuerdo extrajudicial es que, pese a ello, siempre existirá la sombra de la culpa.

Los errores del príncipe Andrés

Son muchos los errores que el príncipe ha cometido en este asunto y ha mermado su credibilidad. El primero y más importante, continuar su amistad con Epstein incluso después de que éste hubiese sido declarado culpable, y haber ido a visitarle a Nueva York en 2010, cuando Epstein acababa de cumplir una condena por delitos sexuales. De esos días hay imágenes de ambos hombres paseando ambos por Central Park. Según el testimonio

Repercusiones en prensa de la entrevista en la BBC.

del príncipe él viajó con la excusa de decirle en persona que ya no podían verse más, cual amante despechado que con la excusa de «mejor en persona», lo que desea realmente es el reencuentro.

El segundo error de Andrés fue haber concedido, *motu proprio*, una entrevista de cincuenta minutos en la *BBC*, en la que en el 95 % de su comunicación no verbal muestra que está nervioso o que miente. El tercero, haber aceptado veinte mil dólares de Epstein, para saldar deudas de la que fue su esposa Sarah Ferguson, cuando ésta se declaró en bancarrota. El cuarto, utilizar como coartada a su ex esposa y a sus hijas, puesto que, de haberse celebrado el juicio, las tres podían haber sido citadas. Y el quinto error está relacionado con el acuerdo extrajudicial que firmó Andrés —se rumorea que de 16 millones de dólares, aunque las cifras bailan porque nunca se ha hecho pública la cantidad exacta—, y que solo el tiempo dirá si se suma a los anteriores errores.

En consecuencia, la reina Isabel II retiró los títulos militares y el patrocinio real al príncipe Andrés en enero de 2022, después de que se determinara que la denuncia por supuestos abusos sexuales no se archivaba.

Resulta obvio que la monarca prefirió que se diera esta noticia que ver a su hijo sentado en un banquillo del tribunal de los EE. UU. donde hubiese tenido que comparecer como acusado.

Sin duda, este hecho fue un varapalo para la institución y un gran problema para la reina.

PROBLEMAS QUE HAN MARCADO LA VIDA DE LA REINA

—1992: El *annus horribilis* de la reina, en el que se produjeron la separación de tres de sus hijos, el incendio en el Castillo de Windsor y la publicación de fotos de la duquesa de York en *topless*.

—1997: La muerte de la princesa Diana, nuera de la reina, que conmocionó al mundo entero y generó críticas hacia la reina por su tardanza en reaccionar ante la noticia.

—2019: El escándalo sexual en el que se vio involucrado el príncipe Andrés, hijo de Isabel II, que empañó la imagen de la familia real británica y llevó a la reina a retirar los títulos militares y patrocinio real al príncipe Andrés en enero de 2022.

—Relación del príncipe Carlos con Camila Parker Bowles, que fue objeto de controversia y críticas por parte de la prensa y del público británico en los años 90, y que tuvo un impacto en la reina Isabel II.

—Otros momentos difíciles que ha vivido la reina incluyen la pandemia de COVID-19, que ha afectado a todo el mundo, y las pérdidas de seres queridos, como la muerte de su esposo, el príncipe Felipe, en abril de 2021.

Isabel II y el poder divino

Isabel II, vivió convencida de que su ascenso al trono fue gracias al poder divino, que fue elegida por Dios, y desde ese momento dejó de ser una persona normal —así se lo habían hecho creer—, y se convirtió en un ser «divino».

Por ese motivo nunca dio la mano sin guantes, no cedió ante los imperativos del duque de Edimburgo sobre el orden de los apellidos en su descendencia, ni aprobó al primer amor de su hermana Margarita, ni tampoco al de su primogénito Carlos, Camila.

La monarca fue conservadora y tradicional. Nunca alteró su estado de ánimo. Era autoritaria y nunca dudaba, porque eso le parecía una debilidad. Siempre guardó las distancias con sus jefes de Gobierno, y apoyó a todos independientemente de sus tendencias políticas. De hecho, los políticos no le importaron nunca, sabía que irían cambiando. Nunca se implicó cuando había conflictos; los conflictos inseparables al poder la ponían de muy mal humor.

El castillo de Balmoral, en Escocia.

Los misterios de la reina

Las audiencias semanales de la reina con sus primeros ministros eran tan enigmáticas como también lo era su imagen fotografiada junto a la famosa y misteriosa caja roja grabada en oro con la insignia real, que recibía todos los días por la mañana. De esta puedo contarle que sólo tenía acceso a ella la reina, y que era el medio escogido para guardar los documentos que actualizaban a diario para su despacho. En su interior se guardaban informes sobre asuntos relacionados con el Estado, el Parlamento Británico, la Commonwealth y documentos que requerían de su consentimiento real y también de su firma. Fin del misterio.

Fin de ese misterio, pero abro otro antes de empezar a hablar de los quince primeros ministros de la soberana.

Los secretos de su famoso test en Balmoral, su lugar favorito para descansar y también donde muchos jefes de su gobierno, y otros huéspedes ilustres tuvieron que pasarlo. Se trata de una serie de pruebas a las que la reina sometía a sus invitados y que determinaban si éstos estaban preparados para adaptarse a su rutina escocesa. Quién no lo pasara no volvería a poner un pie en su castillo.

En Balmoral se dice que todo es informal, pero ya le digo yo que no es así. En Balmoral todo está programado; si de verdad fuese informal se dejaría espacio a la improvisación algo que nunca ha estado en los parámetros a seguir de la reina. Para empezar, antes de llegar siquiera, el personal del castillo ya se ha puesto de acuerdo con el secretario de la reina en Buckingham para que le informe de qué libros va a querer leer la reina durante su estancia y qué películas va a desear ver. A partir de ahí, se va organizando el programa de actividades que durará todo el verano así cómo los horarios de desayuno, almuerzo y cena. También agendarán las excursiones por el campo, paseos a caballo, barbacoas, pícnic y cacerías que se llevaran a cabo.

«*En el famoso test de Balmoral la reina no dejaba nada al azar*»

El código de vestimenta que impone la reina es el mismo para ella que para los invitados. Todos tendrán que cambiarse de ropa cinco veces al día. No pueden ponerse el mismo atuendo para el desayuno, que para salir a pasear por el campo, ni para tomar el te por la tarde, y no digamos para cenar. Y, si hablamos de invitados y de mesa, sus comensales nunca podrán ser trece, tampoco cenarán arroz, patatas o pasta, y tendrán que tener en cuenta que cuando la reina haya terminado, todos habrán terminado, todos deberán dejar de comer, eso sí, lo que habrán degustado serán alimentos de temporada arribados directamente de sus granjas y huertos. Pero eso no es todo. Incluido en el test Balmoral entran en escena algunos mensajes en código y muchas tradiciones familiares extrañas. Por ejemplo, nadie debe estrenar atuendo para salir a caminar ya que eso denotaría que no lo hace a menudo y quedaría fuera de lugar. Tampoco estaría dentro del aprobado quien se queje sobre el clima, allí llueve siempre y ninguna actividad se cancela por ello. Tampoco pueden decir que no a los juegos de mesa después de la cena. Estos son sagrados. Ojo también con sacar fotos en la finca porque está totalmente prohibido. En toda la historia únicamente se le ha permitido hacerlo a Kate Middleton que conquistó el corazón, no solo de Guillermo, sino también del duque de Edimburgo y de la reina cuando les dejó impresionados con su maestría en la pesca de truchas en los arroyos de la finca. Ella pasó el test con nota. Pero, antes que ella, Diana Spencer tuvo que enfrentarse a las pruebas cuando empezó su relación con Carlos y las pasó con holgura. Fue todo un éxito. No tuvo la misma suerte su primera primera ministra

Margaret Thatcher que suspendió en muchas de sus facetas y no veía el momento de irse. Tampoco Cherie Blair, esposa de Tony Blair, logró superar con éxito las pruebas.

Muchas de las personas que han pasado por Balmoral se han sentido muy honradas de ser invitadas al principio pero terminaron odiándolo al final. Thatcher, Diana y Blair, son claros ejemplos de ello.

Aunque, el verdadero misterio para la reina siempre fue cómo podía a alguien no gustarle o no sentirse cómodo en ese lugar tan informal y maravilloso para ella.

UNA SOBERANA Y QUINCE PRIMEROS MINISTROS

Los primeros ministros de la reina Isabel II

—Winston Churchill: Desde 1951 hasta 1955
—Anthony Edén: Desde 1955 hasta 1957
—Harold Macmillan: Desde 1957 hasta 1963
—Alec Douglas-Home: Desde 1963 hasta 1964
—Harold Wilson: Desde 1964 hasta 1970
—Edward Heath: Desde 1970 hasta 1974
—Harold Wilson de nuevo: Desde 1974 hasta 1979
—Margaret Thatcher: Desde 1979 hasta 1990
—John Major: Desde 1990 hasta 1997
—Tony Blair: Desde 1997 hasta 2007
—Gordon Brown: Desde 2007 hasta 2010
—David Cameron: Desde 2010 hasta 2016
—Theresa May: Desde 2016 hasta 2019
—Boris Johnson: Desde 2019 hasta 2022
—Liz Truss: 2022

Winston Churchill, saludando a la reina (International Churchill Society).

Quince fueron los primeros ministros que mandaron bajo el reinado de Isabel II. Y, con todos ellos tuvo una relación «políticamente correcta»

En cuanto a sus ministros, para la reina unos destacaron más que otros. El primero, Winston Churchill, fue, sin duda, de gran relevancia y sostén para una reina recién estrenada en el cargo. Sus reuniones llegaron a durar hasta dos horas, una exageración si comparamos con los siguientes. Lo cierto es que ambos tenían cosas en común, como su amor por los caballos y, de alguna manera, creo que él se encariñó con ella. Cuando Churchill sufrió un derrame cerebral quiso ocultar la evidencia a sus colegas políticos argumentando escusas poco creíbles. En este caso fue la reina quien instó a su primer ministro a decir lo que le había sucedido y después lo invitó junto a su esposa a pasar unos días en Balmoral. El cambio le fue genial para recuperarse y siempre se lo agradeció a Isabel. Cuando Churchill renunció a su cargo la reina le escribió una emotiva carta. Uno de sus párrafos dice así: «Ningún otro podrá jamás ocupar para mí el lugar de mi primer primer ministro, a quien tanto mi esposo como yo le debemos tanto y que bajo su sabia dirección durante los primeros años de mi reinado siempre estaré profundamente agradecida».

De su segundo ministro, Anthony Eden, disfrutó más bien poco porque no llegó a dos años completos en el cargo. Y, no podemos obviar que Churchill había dejado el listón muy alto con la monarca. Ella misma lo dijo en el párrafo de su carta, Churchill fue su «primer primer ministro». Así, que la relación entre ambos dudo mucho que pueda ser comparable. Con todo, cierto es que con él tuvo que enfrentarse a su primer gran problema en el trono y discutir el posible matrimonio de su hermana la princesa Margarita con el capitán Peter Townsend, que finalmente consiguieron parar. Después, también bajo su mandato, fue la gran crisis de Suez, y eso acabó prematuramente con su tiempo en el 10 de Downing Street. Y, dio paso a su tercer ministro Harold Macmillan quien se dice que tampoco pensaba durar mucho al mando y que en su primera reunión con la reina le expresó sus dudas de que era posible que sólo estuviese

La reina con el promer ministro Edward Heath, en 1973, en el concierto celebrado en Covent Garden, Londres, con motivo del ingreso en la unión Europea.

unos pocos meses al frente. Se equivocó. Macmillan fue primer ministro hasta su renuncia seis años después. Y se fue diciendo que «Su Majestad mostró, como solía hacerlo su padre, un conocimiento asombroso de los detalles de asuntos exteriores».

Le llegó el turno a Alec Douglas-Home, el cuarto primer ministro que solo estuvo al cargo durante un año y apenas tuvo cincuenta audiencias con la monarca. Douglas-Home había nacido en una familia aristócrata de Escocia y era un viejo conocido de la reina con quien compartía su amor por los perros y los caballos. Su dimisión fue obligada por temas de salud.

Harold Wilson fue el quinto y el séptimo primer ministro, y también el primero laborista a quien recibió la reina. Según cuentan, Wilson disfrutaba de la compañía de Su Majestad y llegó a convertirse en uno de sus ministros preferidos. Fue Wilson quien le habló de las clases menos favorecidas y la animó a cuestionarse retirar algunas tradiciones de la realeza provenientes de la reina Victoria. Cuando Wilson renunció en 1976, su segundo mandato, se especuló que el momento se había escogido coincidiendo expresamente con la ruptura pública del matrimonio de la princesa Margarita para distraer a la atención pública.

El sexto primer ministro, Edward Heath, fue un sándwich conservador entre los dos mandatos de Wilson. Y, a diferencia de él, Heath, no tuvo una relación demasiado favorable con Isabel II. Sus puntos de vista sobre la Commonwealth los separó desde el principio.

Le sustituyó en el cargo James Callaghan como el octavo primer ministro de la soberana. Con él llegaron los laboristas que ya no volverían a repetir en el cargo hasta dos décadas más tarde. Sin embargo, Callaghan siempre fue muy cauto en no contar a nadie, ni siquiera a los más allegados, lo que departía con la reina todas las semanas en sus audiencias. Si bien, trascendió que la soberana y él disfrutaron de una relación relajada y cómoda durante todo su mandato. Algo que no sucedió con la siguiente en el cargo, Margaret Thatcher, la primera mujer primera ministra de Gran Bretaña, y la novena para la reina. Muy al contrario a lo que se esperaba, Thatcher y la reina no tuvieron una relación gozosa. La relación entre las dos mujeres siempre fue tensa, incómoda, demasiado formal y protocolaria. Y, aunque el secretismo continúa siendo el objetivo de todas sus reuniones, de las que mantuvieron la reina y Thatcher se ha revelado alguna que otra cuestión como que a la primera ministra no le importaba demasiado el punto de vista de la monarca y a menudo acababa sus reuniones con alguna reprimenda que a la reina le resultaba irritante y, a veces, ofensiva. A Thatcher, muy al contrario que a sus antecesores, no le acababan de gustar los mini descansos que la reina se tomaba en Balmoral porque los sentía como un pasatiempo que la distraía de su trabajo, le resultaban muy incómodos. Con todo, Thatcher fue la que más tiempo estuvo en el cargo al que renunció en 1990, once años después de haber sido elegida, dando paso al primer ministro número diez de la reina, John Major. Major se mantuvo en el cargo coincidiendo con años muy turbulentos tanto para el país que lidiaba con la Guerra del Golfo y una grave crisis económica y de la propia monarquía que vivió lo que la reina llamo su «annus horribilis», coincidiendo con el incendio del castillo de Windsor, la separación de algunos de sus hijos y la publicación que aireaba el romance entre el príncipe de Gales y Camila Parker Bowles, más otras circunstancias de las que hablaré con más detalle en los capítulos que corresponde. Si bien, tanta turbulencia, tanto del Estado como las que afectaron directamente a la reina, hizo que las reuniones semanales entre la monarca y Major cobrasen más significado que en otras ocasiones y fuesen esperadas además de muy bien recibidas por ambas partes.

La Reina Isabel II de Gran Bretaña recibe al primer ministro Tony Blair en el Palacio de Buckingham después de que el Partido Laborista ganara un tercer mandato, en 2005.

Los encuentros se convirtieron en una fuente de apoyo con mucho valor para ambos.

Tony Blair derrotó a Major por una mayoría aplastante en mayo de 1997 y se convirtió en el primer ministro once para la reina. Con Blair, los laboristas volvían al poder. «Eres mi décimo primer ministro. El primero fue Winston. Eso fue antes de que nacieras», fue lo que Isabel II le dijo en su primera visita, a lo que Blair le dijo «Tengo una idea clara de mi relativa antigüedad o la falta de ella». Desde luego, ambos tenían protocolos de vida muy muy distintos. A Blair, Balmoral tampoco le entusiasmaba, en eso coincidía con Thatcher.

De hecho, describió sus estancias allí como algo «intrigante, surrealista y realmente extraño». A Blair le tocó vivir en el cargo uno de los momentos más tristes para la nación, y más graves para la monarquía; la muerte de la princesa Diana en París. Desconozco si la Casa Real le agradeció lo suficiente a Blair que se involucrara en transmitirles el sentimiento popular tras la muerte de la princesa, aunque sé que en un principio sus mensajes les parecieron cansinos y no fueron bien recibidos. Un recién llegado aconsejando a la reina no estaba bien visto. Sin embargo, Blair, no entendía porqué ni la realeza ni su familia querían hacerle a Diana un funeral a gran escala como el que estaba demandando el mundo entero. Blair tampoco entendía porqué no se unían al sentimiento popular que lloraba a la princesa y les reclamaba que mostrasen señales de duelo. Blair insistió hasta el agotamiento, y lo consiguió.

En 2007 Gordon Brown reemplazó a Blair y tomó el puesto doce para la reina. El empeño de Gordon por sanear la crisis económica que arrastraba el país fue muy bien recibido por la soberana. Y, aunque Gordon solo estuvo tres años como primer ministro, en su audiencia de despedida la reina permitió por primera vez que la esposa y los hijos de Brown estuviesen presentes. Un hecho que resultó curioso por lo insólito.

Y, llegó su primer ministro número trece, David Cameron. A pesar de ser primos lejanos, la relación entre ambos no fue sencilla y se complicó mucho más con las votaciones por la independencia de Escocia en 2014.

Cameron, totalmente contrario a la independencia buscó el apoyo público de la reina porque sabía que tampoco era de su agrado. Sin embargo, de la reina solo obtuvo estas palabras que dirigió a la nación antes de las votaciones «Piensen con mucho cuidado sobre el futuro». Eso no fue suficiente para Cameron y, aunque en el resultado de las urnas Escocia decidió quedarse, el primer ministro puso en boca de la reina palabras que sabía muy bien que no podían hacerse públicas y se vio obligado a presentar una disculpa pública. Pero las turbulencias sociales y políticas continuaron en el país con violentas manifestaciones y protestas que tuvieron como origen la muerte de Mark Duggan, un ciudadano de veintinueve años, de raza negra, y padre de cuatro hijos, durante una operación policial contra el tráfico de armas. Las manifestaciones se extendieron como un virus y Cameron tuvo que enfrentarse a ellas en el verano de 2011, volviendo de sus vacaciones y aumentando las audiencias con la soberana que se encontraba en Balmoral. Y, como colofón, Cameron celebró un referéndum sobre la permanencia del Reino Unido en la Unión Europea el 23 de junio de 2016. Y, aunque siempre apoyó la opción de permanencia, incluso en contra de algunos miembros de su propio partido, finalmente, y contra su propio pronóstico, ganó la opción de salida. Cámeron dimitió en favor de su ministra de interior Theresa May, que se convirtió en la segunda primera ministra mujer para la reina y la número catorce durante su reinado. A diferencia de la relación que Thatcher mantuvo con la soberana, May tuvo

La reina da la bienvenida a Boris Johnson, entonces recién elegido líder del Partido Conservador, durante una audiencia en el Palacio de Buckingham, Londres, Inglaterra, en julio de 2019.

una relación mucho más sosegada y agradable. Si bien no lo tuvo fácil al frente de su Gobierno durante los tres años de un mandato dominado por el Brexit y que acabó con su dimisión en mayo de 2019.

Boris Johnson, el primer ministro número catorce para la reina vivió y sufrió momentos históricos y convulsos del país. Heredó el Bréxit y sus consecuencias, tanto económicas como sociales; la pandemia de la COVID-19, también con las consecuencias económicas que se sumaban a las del Bréxit; la polémica salida del príncipe Harry y su esposa Meghan Markle de la Casa Real, y la muerte del duque de Edimburgo, marido de la reina. Su relación con la monarca fue estrictamente

La familia real en el balcón del Palacio de Buckingham tras el Concurso del Jubileo de Platino, junio de 2022.

profesional, aunque sumó muchas audiencias extras para tratar los numerosos vaivenes que estaban azotando, tanto a la Casa Real, como al Gobierno británico. Sin embargo, lo que acabó con el mandato de Johnson fueron los escándalos y las denuncias que recibió y que originaron una investigación formal por parte de la policía metropolitana de Londres para averiguar la verdad sobre las fiestas organizadas en Downing Street durante la pandemia de la COVID-19. De igual manera, Johnson se vio involucrado en otro tipo de investigaciones que no vienen al caso aquí, pero que contribuyeron a su dimisión en el cargo.

El día 6 de septiembre de 2022, Liz Truss fue nombrada primera ministra por la reina. Ese fue el primer nombramiento que se hacía en Balmoral y no en el palacio de Buckingham. Aunque en un principio todo estaba preparado para hacerse en el lugar de siempre, los problemas de movilidad de la monarca, y el consejo de sus médicos, hicieron un hito en la historia trasladando su último acto oficial al castillo de Balmoral. Isabel II falleció dos días después, el 8 de septiembre de 2022.

El último año de la reina

Doce días antes de que Isabel cumpliese los noventa y cinco años, Felipe de Edimburgo falleció en el castillo de Windsor con casi cien. Esto fue el 9 de abril de 2021. Ese día, la reina se convirtió en la primera monarca británica que reinaba como viuda desde que también lo hizo la reina Victoria.

El funeral del duque se llevó a cabo el día diecisiete en la capilla de San Jorge, adyacente al castillo de Windsor, y sus restos mortales fueron depositados en el panteón real bajo la capilla. La reina Isabel II encabezó el funeral, que fue un evento íntimo debido a las restricciones por la pandemia de la COVID-19. En sus palabras, la reina describió a su esposo como su «fuerza y permanencia», y dijo que «se ha ido, dejándonos un gran vacío». Todo el funeral fue un evento privado y respetuoso, con la participación de miembros cercanos de la familia real y todo se hizo de acuerdo con los deseos del príncipe Felipe.

Seis meses más tarde de la muerte de su marido Isabel comenzó a usar el bastón durante los eventos públicos. Ese mismo mes de octubre, la revista *The Oldie* decidió

La reina inauguró el Ferrocarril de las Fronteras el día en que se convirtió en la monarca británica con el reinado más largo en 2015. En su discurso, dijo que nunca había aspirado a alcanzar ese hito.

concederle el premio *Oldie of the year*, que viene a ser el premio al anciano del año, pero la reina les envió una carta de agradecimiento por el galardón aunque lo rechazó diciendo «eres tan viejo como te sientes». Y, ella no se sentía vieja, aunque esto lo dijera de puertas para afuera. El caso es que en febrero de 2022 cumplió setenta años desde que accedió al trono y participó de los eventos en su jubileo de platino.

Después enfermó y se recuperó de la COVID-19. Aunque un mes más tarde, en marzo, el palacio informó de que la soberana no volvería a vivir en el palacio de Buckingham y que se instalaría oficialmente en el castillo de Windsor. Desde ese momento, y sin ninguna intención de abdicar, se fue retirando de las funciones públicas y delegando en su hijo Carlos la mayoría de ellas.

Siguió fiel a sus costumbres y como venía siendo habitual, en el verano se retiró a su finca de Balmoral. Allí, el seis de septiembre tuvo lugar el que sería su último acto institucional al recibir a su primer ministro Boris Johnson, aceptar su renuncia, y nombrar a la vencedora de las elecciones como su nueva y última primera ministra, Liz Truss. Después de este acto se retiró a su habitación y no volvió a levantarse. El día ocho, el palacio de Buckingham emitió un comunicado diciendo que «Tras una evaluación adicional esta mañana, los médicos de la Reina están preocupados por la salud de Su Majestad y han recomendado que permanezca bajo supervisión médica. La reina permanece cómoda y en Balmoral». Desde ese momento empezaron a sucederse la llegada de sus familiares en Balmoral y en las redacciones todos supimos lo que eso significaba. El siguiente comunicado fue el de su fallecimiento «Murió pacíficamente a las 15:10, a los noventa y seis años, con dos de sus hijos acompañándola, Carlos y Ana». Aunque su muerte no fue anunciada al mundo hasta las 18:30.

Isabel II, la reina que fue, había muerto a las 15:10, y con ella se fue una larga vida marcada por el sentido del deber. Para el mundo había muerto la reina, para los británicos su reina, la que aportaba seguridad y estabilidad

Arriba, bandera a media asta en Bukingham Palace por el fallecimiento de Felipe de Edimburgo. Debajo, el certificado de defunción de la reina Isabel y la invitación al funeral.

en un país y una sociedad que estaba cambiando con rapidez. Isabel II supo ganarse el respeto y el afecto del mundo entero. Con su muerte las piezas del tablero cambiaron y el papel de la monarquía pasaba a manos del heredero, de su hijo primogénito. La reina ha muerto, Dios salve al rey.

Las fechas más relevantes del reinado de Isabel II

21 de abril de 1926, nace Isabel Alejandra María, primogénita del duque y la duquesa de York, que más tarde se convertirían en el rey Jorge VI y la reina consorte Isabel.

11 de diciembre de 1936, Isabel se convierte en la heredera al trono cuando su padre accede a la corona tras la abdicación de su tío Eduardo VIII.

En **Mayo de 1944**, Isabel es nombrada consejera de Estado.

20 de noviembre de 1947, la princesa contrae matrimonio con el príncipe Felipe de Grecia y Dinamarca, su primo tercero, en una ceremonia sencilla oficiada en la Abadía de Westminster.

14 de noviembre de 1948. Nace su primogénito Carlos.

2 de junio de 1953, Isabel II es coronada en la Abadía de Westminster.

En **mayo de 2011**, la soberana realizó una visita histórica de reconciliación de la República de Irlanda, la primera de un monarca británico desde la independencia en 1922.

Junio de 2012, tienen lugar cuatro días de celebraciones fastuosas que conmemorar en sesenta aniversario del ascenso de Isabel al trono. Es su «Jubileo de Diamante»:

El **9 de septiembre de 2015**, Isabel II se convierte en la monarca británica más longeva de la historia.

9 de abril de 2021, fallece su esposo, el príncipe Felipe, con casi cien años.

8 de septiembre de 2022, la reina Isabel II fallece en su casa de Balmoral, y cierra un reinado de más de setenta años.

Quince cosas curiosas
para conocer a la reina

Isabel II es conocida por su aplomo y discreción fuera de los muros del palacio, pero dentro, podemos encontrar varias rarezas dignas de contar.

1. Por la mañana, a Isabel II le gustaba despertarse con el primer rayo del sol.
2. Tenía una colección de sombreros que superaban las quinientas piezas.
3. La reina impuso una amplia lista de requerimientos, como que estaba estrictamente prohibido pasar la aspiradora si la reina dormía.
4. Isabel II amaba a los corgis y a lo largo del tiempo tuvo más de noventa ejemplares de esta raza, habiendo criado a más de treinta.
5. La reina era supersticiosa y nunca aceptó una mesa con 13 personas.
6. Isabel II hablaba francés a la perfección.
7. La reina usaba un escritorio que daba directamente al jardín, y en él, los artículos eran intocables. Nadie que no fuera ella tenía permitido siquiera tocar nada.
8. Isabel II detestaba las barbas.
9. La reina fue la primera monarca en celebrar su «Boda de Diamante».
10. Isabel II era la única inglesa que podía conducir sin licencia.
11. Isabel II era una gran anfitriona, y marcaba un estricto protocolo que debía seguirse en su presencia, si querían interactuar con ella. Algún ejemplo:
    —No se la podía tocar, más allá de un apretón formal de manos.
    —El contacto físico debía limitarse.
    —Debían recibirla de pie. Nadie podía sentarse hasta que la monarca ya hubiera ocupado su sitio.
12. Isabel II tomaba una copa de champán todas las noches antes de dormirse.

13. La reina no tenía pasaporte.

14. Isabel II fue la monarca más longeva y la que más tiempo ha rendido servicio como reina en la historia de Gran Bretaña.

15. Isabel II nunca asistió a una escuela pública y nunca estuvo expuesta a otros estudiantes, ya que fue educada en casa con su hermana menor.

«The Coronation Theatre, Abadía de Westminster: Un retrato de Su Majestad la Reina Isabel II», 2012, cuadro de Ralph Heimans (detalle).

Detalle del retrato de coronación por Hugo Burnand, 1953.

CAMILA PARKER
*La reina
que no iba a ser*

Camila Parker
La reina que no iba a ser

EL PEÓN CORONADO

El peón es la pieza más débil del ajedrez y por ese motivo es fácil subestimarla. Sin embargo, el peón tiene una ventaja sobre todas las demás piezas; si consigue llegar al otro lado sin que lo detecten se convierte en la Reina, la pieza más poderosa del juego.

CAMILA, REINA CONSORTE DEL REINO UNIDO Y DE LA COMONWEALTH

Nombre: Camila Rosemary Shand.
Nacimiento: 17 de julio de 1947 en King's College Hospital, Londres.
Padre: Bruce Shand.
Madre: Rosalind Cubitt.
Consorte: Andrew Parker Bowles (1973 a 1995)
Carlos III (2005 y actualidad).
Hijos: Tom y Laura Parker.
Reinado: 8 de septiembre de 2022 (actualidad).
Coronación: 6 de mayo de 2023.
Tratamiento: Su Majestad.

Más de doscientas cámaras de televisión dieron cobertura a cuatrocientos millones de personas en todo el mundo que fueron testigos de un hecho poco imaginable hace unos años: Camila se coronaba como reina de Inglaterra.

Cien millones de libras (casi ciento diecisiete millones de euros) le costó al estado la pompa de una tradición que se remonta a casi mil años de historia, con desfile y procesión hasta Westminster donde miles de ojos que no sumaban las cifras oficiales de audiencia, les observaban bajo sus paraguas y se acurrucaban dentro de los chubasqueros. Todos los rincones estaban llenos.

Pero, eso no era todo, había que asegurar que a los futuros reyes no les pasase nada. Para eso, unos meses antes se había puesto en marcha la logística de seguridad para cuando llegase el momento de la ceremonia, la

Ceremonia de la coronación de Carlos III y de Camila como reina consorte en 2023.

Operación Orbe Dorado, que era coordinada por veintinueve mil funcionarios de seguridad y policías de Gran Bretaña, que también se sumaban a la expectación.

Lo demás ya lo saben ustedes, festejos y demás farándula.

Y llegó el momento inimaginable: Camila reina

Por fin llegó el momento de la coronación. Era un lluvioso sábado 6 de mayo cuando el rey Carlos III entró caminando por el pasillo de la Abadía de Westminster para ser coronado con la corona del estado imperial de dos mil ochocientos sesenta y ocho diamantes a los que habría que sumar doscientas sesenta y nueve madreperlas, una docena de esmeraldas y varios rubíes. Junto a él, había llegado otro gran momento, el momento de Camila, la que fue tercera en discordia, la mujer más odiada del Reino Unido durante mucho tiempo, la «otra». Camila caminaba junto al rey para convertirse también en reina consorte del país, un hecho totalmente impensable hace unos años.

Y ocurrió. El arzobispo de Canterbury colocó la corona de la reina María sobre la cabeza de Camila, y le entregó el cetro de la Reina Consorte y la Vara con Paloma de la Reina Consorte. Ya era la reina Camila.

Pero antes de esto, existieron muchos acontecimientos, algunos de ellos difíciles de entender, incluso para muchos, difíciles de perdonar. Veamos sus movimientos de piezas en el tablero, y si su perfil nos aclara algo más.

PERFIL PSICOLÓGICO DE LA REINA CONSORTE CAMILA

Infancia

Camila Rosemary Shan, libre, independiente, ambiciosa, a ratos sensual y a ratos un tanto masculina. Gran capacidad de autocontrol, habladora y extrovertida. Así la definen quienes la conocen, pero veremos que hay bastante más.

La clase de la escuela Dumbrells de 1957. Camila es la tercera desde la derecha.

Muchos de los comportamientos que mostramos en la edad adulta tienen su inicio en la infancia. Ahí es donde la personalidad se va formando.

Camila, una chica de campo, nació en una familia de clase alta y pasó una gran parte de su infancia en la finca familiar de East Sussex. Allí aprendió a montar a caballo y a disfrutar de la caza y largas caminatas por el campo.

Inició sus estudios en Dumbrells, a unos cinco kilómetros del pueblo de Ditchling, un centro creado por tres hermanas solteras famoso por inculcar a los niños dos de los valores cristianos que Camila aún conserva: la paciencia y la tolerancia.

El lugar de formación hubiese desmotivado a la mayoría, sobre todo en edad infantil. No había calefacción, y debían llevar botas de agua durante todo el curso escolar, una costumbre que la reina ha convertido en uno de sus atuendos más icónicos, junto con el gorro para la lluvia.

Cuando Camila no mostraba el comportamiento requerido por sus tutores, era castigada el tiempo que se le impusiera a sentarse bajo la silla de la directora, mientras le recordaban que «quien soportara Dumbrells estaría preparado para aguantar cualquier imprevisto». Dicho así, me parece una premonición.

Otra cosa que aquí no puedo evitar es pensar en el rey Carlos, y en sus confesiones de la infelicidad que padeció durante los años en que estuvo internado en Gordonstoun, dónde su única alegría era el momento en que le dejaban salir de allí para pasar unos días en la finca de Balmoral, entre quejas y tristeza.

Y, digo que recuerdo esto porque me hace cavilar en lo diferentes que son Carlos y Camila. Ella recibió una educación similar en dureza y austeridad, pero siempre mostró un carácter abierto, incluso cómico, que la hacía mucho menos vulnerable al sufrimiento que Carlos.

En Dumbrells, Camila se centró en hacer aquello que más le gustaba, los deportes, concretamente el hockey, y nunca se quejó de encontrarse sola o triste como sí hizo reiterativamente el entonces heredero a la corona.

A los diez años, Camila fue inscrita en la escuela Queen's Gate School en Londres. Una escuela privada que se especializó en enseñar a las jóvenes la manera de ser una esposa excelente para un ministro o un aristócrata. En ese centro Camila tuvo que cambiar de costumbres completamente y adaptarse a un protocolo

Camila (izquierda) en la escuela Mon Fertile de Suiza.

severo de aires institucionales. Allí, no le quedó más remedio que cambiar el hockey por el bridge y por un deporte nuevo que enseguida la cautivó por su estrategia, el arte de la esgrima. Una exprofesora de Camila dijo que su alumna era una competidora paciente y elegante con su adversario.

Como he dicho antes, en esos años de infancia la personalidad se va formando, y Camila en ese tiempo adquirió una madurez atípica para una niña de su edad. En los estudios, en cambio, no destacó en absoluto. Finalizó la etapa escolar sin ninguna mención especial en su expediente, y con un certificado de educación básica. Estudiar no era su fuerte.

Camilla con su madre, Rosalind Shand, en su baile de debutante, en 1965.

El bachillerato lo hizo en Mon Fertile, Suiza, y a los diecisiete años regresó a Londres convertida en una mujer de personalidad arrolladora y muy segura de sí misma. Camila había aprendido francés, cocina, y buenas maneras. Tenía mucho humor, era divertida y, aunque no destacaba por su físico sí que se hizo extremadamente popular.

Un dato importante para tener en cuenta en su perfil es que a su regreso no necesitó trabajar porque su abuelo materno falleció dejándole una herencia de lo que hoy sería aproximadamente un millón de euros. De hecho no ha trabajado nunca.

Su éxito entre los chicos fue aumentando a medida que también lo hacía la seguridad y confianza que tenía en sí misma y que la ha caracterizado siempre. No era una mujer intelectual, y tampoco presumía de serlo, pero a diferencia del resto de chicas de su edad, Camila se interesaba de veras por todos los problemas que sufría la gente que ella quería, y tenía una curiosidad enorme por entender todo lo que pasaba a su alrededor. Eso, de alguna manera, la hacía irresistible. Curioso.

Pero, eso no era lo único que llamaba la atención en ella. Camila se alejó del patrón común de que la iniciativa para entablar una relación la llevaba el hombre, y escogió ser ella quien llevase las riendas de su vida sexual.

La reina Camila y otros hombres

Ese mismo año de 1965, Camila llegó a la mayoría de edad, y empezó una relación sin compromiso con Kevin Aubrey, hijo del pionero de la aviación, y con Hambro Rupert, heredero de la banca Rupert, pero su corazón ya estaba ligado al mujeriego Andrew Parker Bowles, en la que era, tal vez, la relación más difícil de todas. Una relación llena de infidelidades que Camila, curiosamente, no entendía.

Andrew Parker Bowles era conocido por sus líos amorosos. Tenía un típico piso de soltero en el barrio londinense de Portobello Road, que utilizaba para disfrutar de todas sus conquistas, que eran muchas.

En ese mismo apartamento, Camila pasó muchas noches como una más de sus amantes. Andrew quería solo sexo, disfrutar de la vida, no tener compromiso, y otra vez sexo.

Esa forma indiferente en la que vivía Andrew le causó un profundo sentimiento a Camila, y por primera vez apareció el dolor del amor. El amor y el dolor son una combinación muy dañina en una relación. El amor no duele.

Si le digo que su relación se desarrolló de manera intensa y apasionada, igual me quedo corta, pero las continuas infidelidades de Andrew y su falta de romanticismo eran interacciones muy negativas para una mujer que estaba experimentando por primera vez lo que se sentía estando enamorada y, de alguna manera, siendo rechazada.

Así pues, la relación de la pareja pronto pasó del éxtasis intenso al éxtasis agónico de la no correspondencia, y Camila quedó atrapada en el limbo impotente del «no sé qué voy a hacer».

Y llegó el príncipe, y con él la venganza y el escándalo.

Carlos, rey de Inglaterra

Nombre: Carlos Felipe Arturo Jorge.
Nacimiento: 14 de noviembre de 1948 en el palacio de Buckingham.
Madre: Isabel II del Reino Unido.
Padre: Príncipe Felipe de Edimburgo.
Consorte: Diana Spencer (1981-1996).
Camila Parker Bowles (2005.
Tratamiento: Majestad.
Cargo: Rey del Reino Unido y de los reinos de la Mancomunidad de Naciones desde el 8 de septiembre de 2022.
Proclamación como rey: 10 de septiembre de 2022.
Coronación: 6 de mayo de 2023.

Carlos, entonces, príncipe de Gales

Sin dudarlo, el entonces príncipe Carlos, en lo que a imagen se refiere, es el gran perdedor en estas historias. En la de Diana, como esposo, seguro. En la de Camila, aún tenemos que verlo.

Sin intención alguna de aburrirle con detalles irrelevantes aquí, sí que veo oportuno que echemos un vistazo al estado psicológico en el que llega Carlos cuando conoce a Camila.

Camilla, en 1966.

Carlos Felipe Jorge, y un número exagerado de nombres más, nació en el palacio de Buckingham donde disponía de 775 habitaciones, 19 salones, 78 baños, jardines, lacayos y bla bla. Fue el primogénito, el esperado, el ansiado príncipe que venía para asegurar la continuidad en el trono. Y eso no es baladí. Quiero decir, que con su nacimiento no se esperaba al hijo, al bebé, al rorro, sino, al heredero de la corona. A la postre el niño salió demasiado sensible, demasiado tranquilo para lo que se esperaba de él. Y, ese

El príncipe Carlos de joven En la página siguiente, con su tío, lord Mountbatten.

precisamente era el gran problema, el que Carlos no soportaba; que siempre se esperara algo de él cuando lo único que a él le apetecía eran los achuchones de una madre que nunca llegaban, una madre a la que no podía llamar mamá ni verla cuando quería.

En cuanto al padre, ahí la cosa se pone más dura aún. Su padre, Felipe, el duque de Edimburgo, fue la figura que marcó para siempre el adulto en el que Carlos se convirtió. Felipe no soportaba que su hijo fuera, como decirlo, tan blando. Así, que el primer día de escolarización de Carlos el duque habló con el director del colegio para que su hijo no se pudiese sentar durante las clases, para que permaneciera de pie ya fuese la hora de dibujar, almorzar, o rezar, lo mismo le daba. Así lo hicieron aunque, desde luego, el niño no entendió nada. Tanto fue así, que dos años más tarde el duque decidió endurecer un poquito más el trato hacia el príncipe y le pareció que era el momento de hacer un cambio de colegio. El niño fue inscrito en un pensionado donde se practicaban todo tipo de castigos corporales. Carlos seguía sin entender.

De nuevo el duque, cuatro años más tarde, volvió a decidir que había que cambiar al primogénito. Esta vez, Carlos, ya con trece años, fue trasladado a un internado que era lo más similar a un campo de entrenamiento miliar, tanto en los horarios, como en las duchas frías, o el toque de diana. Tampoco le faltaron las caminatas por el barro, el combate, o la marcha campo a través.

El caso es que Carlos, con trece años, se había convertido en un adolescente necesitado de amor, taciturno, triste y hermético. Incluso, llegó a decir que «mi corazón sangra en este lugar». No sé a usted, pero a mí esto me conmueve.

Está claro que Felipe y Carlos eran diametralmente opuestos. Felipe, con una personalidad fuerte, dominante, carente de empatía y con una gran ambición. Un hombre altivo. Por su parte, Carlos, apacible, reservado, solitario, 1'80 cm de estatura y desproporcionado por una nariz y orejas demasiado visibles, amante de la historia, intelectual. Un hombre tranquilo.

Camilla, en una fiesta en 1978.

Dos personalidades en las antípodas condenadas a no entenderse por naturaleza. Por supuesto, todas las decisiones emprendidas por el duque para fortalecer a su hijo no le dieron resultado deseado. Su hijo tuvo una niñez triste y se enfrentó a una adolescencia rancia sin saber a quién tenía de su lado.

Y, tal y como era de esperar por la propia biología, Carlos despertó a sus instintos más primarios y llegó el momento en el que ansió tener alguna experiencia sexual, pero no tenía ningún confidente a mano. Así, que su deseo sexual en los comienzos fue tan reprimido como la infancia que había dejado atrás. Carlos era invisible.

Aquí es dónde aparece una figura que vino a sustituir al padre y a la madre, su tío Luís Mountbatten, primer conde Mountbatten.

Mountbatten invitó a su sobrino a pasar unos días en su casa del condado de Hampshire y le dio una serie de consejos. Allí Carlos perdió la virginidad. No fue nada romántico, ni sensual, ni importante. Para él fue más de lo mismo.

RADIOGRAFÍA DE CARLOS III

—El parto fue en el palacio de Buckingham. Fue un parto complicado y largo que duró treinta horas. A su padre, el duque de Edimburgo no se le permitió estar presente y entretuvo la esperada haciendo ejercicio y nadando.

—Fue el primer heredero a la corona británica que fue educado en ir a la escuela.

—Carlos es el primer miembro de la Familia Real que se graduó en la universidad.

—Es el heredero al trono que más tiempo ha esperado

—Su gran pasión es la jardinería

—Al igual que su madre, Isabel II, los colores de sus trajes son específicos para cada ocasión.

—Es un fiel defensor del medio ambiente.

Carlos seguía siendo invisible, y lo curioso es que a él le gustaba serlo. Pero, sus padres, los reyes, no opinaban lo mismo, ni tampoco sus asesores, ni el Gobierno, nadie. Así, que tal y como suelen hacer las cosas en la familia real, el problema llamado Carlos el heredero, se trató en una de sus famosas reuniones del llamado grupo Way Ahead (Camino a seguir). El nombre del grupo se le puso en los años noventa, pero el grupo ya operaba entonces.

GRUPO WAY AHEAD

El grupo está formado por miembros de la familia de alto rango, asesores clave, y confidentes muy bien escogidos. Se reúnen dos veces al año, con algunas excepciones si los temas se consideran urgentes. El objetivo principal de estas reuniones es discutir los eventos relevantes, compromisos oficiales y problemas que pueden poner en peligro a la familia o la institución.

Digo pues, que el asunto urgente que les ocupó en esa reunión extraordinaria fue borrar la invisibilidad de Carlos. De hecho, había que arrancarla de cuajo. Para empezar contrataron a Nigel Neilson, ex consejero de Onassis. Sin duda, fue una excelente elección. Tenían que fabricar a un Carlos popular, a un Carlos exitoso, a un Carlos triunfador y deseable. Tenían que sacar de las tinieblas al niño tierno y tímido porque ser así no era bueno para un heredero al trono. Apenas habían pasado unas semanas cuando Neilson ya se había metido a la prensa en el bolsillo y el príncipe empezaba a salir al mercado en forma de cientos de titulares excitantes «El príncipe de Gales, experto en navíos de guerra», «El príncipe Carlos, hábil piloto de aviones de combate», «El príncipe de Gales ha visitado hoy…», «Carlos de Inglaterra ha inaugurado la que será…». El mundo acababa de descubrir al principito.

Lo que está claro es que la campaña fue sobresaliente y cumplió con creces su propósito, Carlos se había convertido en un maravilloso partido. El príncipe no solo era visible sino que era un héroe, un heredero, un ser digno de su título. Guapo no era, eso no, pero el morbo que se creó en su nombre lo hizo saltar de pronto a la primera posición del soltero más deseado.

Carlos y Camila: comienza la historia

Y en este punto de sus vidas se conocieron el tortuoso Carlos y la liberal Camila. Él, estrenando su popularidad, aunque solo era una fachada. En su interior el príncipe continuaba sintiéndose solo, y seguía siendo ese chico almidonado y con una falta de afecto más que evidente. Por su lado, Camila, libre, feliz, y enamorada por primera vez de un hombre, Andrew Parker Bowles, que para ella significaba un reto, algo nuevo, una meta.

Con esta información, no me sorprende nada que esa tarde de junio de 1970, en el Windsor Great Park, mientras se disputaba un partido de Polo, y en ese marco idílico, el príncipe sucumbiera a la desgarbada Camila. Me explico. Ese día Camila había acudido al evento porque sabía que se encontraría con Parker Bowles. Lo que no sabía, a pesar de ser predecible, es que su amado no iba a dedicarle su atención en exclusiva y que repartiría sus encantos con otras cuantas jóvenes que lo acaparaban. Lejos de intimidarse, Camila se fijó en el príncipe de Gales que muy cerca de ellos charlaba con un grupo de mujeres que revoloteaban a su alrededor. Sin pensarlo mucho, y haciendo un pulso arriesgado para que Andrew sintiese celos, se dirigió hacia Carlos y le dijo con mucho descaro «Mi trabajo, en primer lugar, consiste en hacer una reverencia, y luego saltar a la cama...». No hace falta contar, porque nos lo imaginamos, qué debió pasar en esos instantes por el cuerpo del príncipe. Camila continuó su charla y le aclaró que su bisabuela Alice Keppel le decía esa frase a su tatarabuelo —el del príncipe—, Eduardo VII «ellos fueron amantes durante años. Estaría bien repetir la historia».

Amén, de todo lo que vino después porque ya lo conocemos. Solo aclarar que esos breves minutos fueron suficientes para provocar, en el Carlos carente de afecto y emociones, un torbellino de sensaciones que más tarde marcaría sus vidas, la de la monarquía, y el futuro del pueblo británico.

Desde ese día, me han contado que sus encuentros eran a diario, y siempre que podían, se veían en Hampshire. Allí se sentían seguros y fuera del escrutinio y el protocolo de la corte. Cuando llegaban, su tío Mountbatten, cómplice de la aventura, había dejado órdenes expresas —hipócritas también—, de que la pareja debía alojarse por separado. A ella la acompañaban hasta la habitación Pórtico, que era la misma en la que se alojaron los padres del príncipe para consumar su amor el día de la boda. A él lo alojaban en la suite Lady Louise, que se comunicaba por una puerta interior con la de Camila. Juntos, pero separados por las apariencias.

Entre esas paredes, Camila le descubrió a Carlos un mundo de placer, sexo y lujuria, dando rienda suelta a una pasión que a él le había sido negada durante toda su vida. Todo muy normal para ella, pero muy especial para él. Tanto, que Camila se convirtió en una verdadera obsesión para el príncipe. Y, todo se volvió peligroso, Carlos se había enamorado. Se había enamorado de Camila que no era la adecuada, que no era casta, que no era pura, que no era virgen. Que era del todo inadecuada. Aquí prefiero no referir ningún comentario, a excepción de que esto fue lo que dio comienzo a lo que vino después.

Fue entonces cuando la alarma de que un peligro inminente acechaba saltó de nuevo en Backingham, y los teléfonos empezaron a sonar en el hogar de Hampshire pidiendo explicaciones y, porqué no decirlo, también auxilio. Carlos debía abandonar su idilio con Camila. Fue entonces cuando su tío Mountbatten le dijo a su sobrino «¡Cuidado, Carlos!, uno no se casa con sus amantes». Pero Carlos se sentía fuerte, o lo que sentía era inmenso, a saber.

La cuestión es que el príncipe, que siempre se había sentido ninguneado, ahora tenía a su lado a una persona que lo colmaba de caricias y le hacía reír. No olvidemos que por aquel entonces a Carlos le habían inculcado unos valores de superioridad que, merecidos o no, debían sacarlo de la invisibilidad con la que vivía, y eso se convirtió en un arma de doble filo. Una cosa se sumó a la otra, es decir, su euforia de ser amado, y el aprendizaje recibido en el último año de que como heredero a la corona británica era diferente a los demás mortales, era un ser especial, volvió al príncipe egoísta. Digo, que tanto le dijeron que su público lo adoraría sin más que acabó

Portada del **Daily Mirror** *contando la incorporación de Carlos a la marina. El titular dice: «Es el señor guardiamarina Charles, Royal Navy».*

interiorizándolo hasta convertirse en una persona egocéntrica. Carlos ya había levantado una barrera frente a los demás que le hacía imposible tomar en cuenta los consejos que estaba recibiendo, así como los sentimientos ajenos a su propio yo.

La secuencia siguiente fue la de Carlos desobedeciendo cualquier exigencia y pidiendo en matrimonio a Camila. Lo que el príncipe no tuvo en cuenta, dentro de esa espiralególatra, es que su amante iba a rechazarlo. Así fue. Camila era lista, sabía que ella no era una candidata que pudiese encajar como mujer del príncipe de Gales. Ella, aunque muy joven, tenía un pasado amoroso que no era inmaculado. Un fiasco para Carlos.

De nuevo taciturno y triste, el príncipe quiso alejarse de Camila y se embarcó durante nueve meses en la Marina Real, incorporándose a la Escuela Naval de Dartmouth. Durante ese tiempo no habló con ella, aunque no dejó de darle vueltas a la idea del matrimonio y de pensar en posibles estrategias para poder conseguirlo. Carlos, hizo que ese sentimiento tan fuerte fuese su prioridad, lo convirtió en el centro de todo. Y, llegó a una conclusión, vio claro su futuro. Ya no necesitaría permiso, lo haría y punto, se casaría con ella. En su mundo interior, en el que solo se importaba a sí mismo, llegó a la seguridad de que si a él le gustaba tanto esa mujer, a los demás también tendría que gustarle. Después de todo él asumiría algún día el mando de su país, si no querían por las buenas, pues habría que forzarlos. Obvio, él era lo primero, y así se lo habían malenseñado durante el último año. Lo que no le habían dicho a Carlos era que las decisiones de pareja no las toma solo una de las partes, que no se podían tomar por separado, y que hacían falta dos para llegar a ciertos acuerdos de convivencia. Carlos dio por hecho que si para él ese amor excesivo que sentía por Camila estaba por encima de todo y era el único debate que le interesaba, para ella también sería así, que estaría destrozada por su recuerdo. Dio por sentado de que Camila se había pasado esos meses pensando en él, en su amor hacia él, y llorando su ausencia. Carlos había llegado a un conclusión, sí, pero había cometido el gran error de no contársela antes a Camila. Se avecinaba otro fiasco.

El resto se lo resumo así: el tiempo había pasado de forma distinta para Camila. Mientras Carlos meditaba sobre su futuro compromiso con ella y la posibilidad de que un día se convirtiese en reina —que cosas tiene la vida—, ella se había reencontrado con el hombre que tanto había amado, con Andrew Parker Bowles.

También Bowles había estado lejos de escena, había sido destinado como oficial de caballería en Alemania, de dónde regresó al mismo tiempo que Carlos partió. Así, durante los meses en que el heredero estuvo ausente, el oficial se dedicó a reconquistar a su ex amante. A decir verdad, no le costó mucho esfuerzo. Recordemos que Camila se acercó a Carlos con la clara intención de darle celos a Bowles.

Sin embargo, Camila, muy astuta, le dijo a Andrew que no iba a repetir los mismos patrones que en la primera fase de su relación, y que si de verdad la quería debía pasar por el altar. Carlos se enteró de todo cuando leyó The Times con el anuncio del compromiso matrimonial. Podemos imaginar el estado en el que la noticia sumió al príncipe.

A partir de ahí, una etapa amorosa de enfriamiento y distancia entre los dos que enlazaron con otra de acercamiento y clandestinidad. De nuevo, la familia real se puso en marcha, el peligro continuaba activo y Carlos necesitaba engendrar un heredero. Así, que de vuelta a la historia de la mujer virgen y adecuada. Aparece en escena Diana Spencer. A ella volveré en el siguiente apartado.

De todas formas, las secuencias siguientes fueron inmensamente predecibles para algunos, y catastróficas para otros. La relación de Carlos y Camila fue un constante para y arranca. Engaños a sus parejas, infidelidades y presiones. Un *totum revolutum*.

Cronología de la relación del Rey Carlos III y Camila Parker Bowles.

1970 El entonces príncipe Carlos conoció a Camila en un partido de polo en el Windsor Great Park, y da comienzo la relación sentimental entre ambos.

1971 El príncipe Carlos se une a la Royal Navy y la relación se enfría.

1973 Camila Shand se casa muy enamorada con Andrew Parker Bowles. Poco antes, el príncipe le había pedido el matrimonio en contra de lo que opinaba su familia. Camila le hizo desistir.

1977 Carlos y Diana se encuentran por primera vez

1981 El príncipe Carlos contrae matrimonio con Diana Spencer.

1986 Carlos y Camila reactivan su relación, a pesar de que ambos estaban casados con otras personas.

1989 Diana se enfrenta a Camila, según unas cintas de audio que la princesa grabó para Andrew Morton y que revelan que Diana le dijo «Sé lo que está pasando entre tú y Carlos y solo quiero que lo sepas». Y Camila respondió «Tienes todo lo que siempre quisiste. Tienes a todos los hombres del mundo enamorados de ti y tienes dos hermosos hijos ¿qué mas quieres? Y Diana le contestó «Quiero a mi esposo. Lo siento, estoy en medio de los dos, y debe ser un infierno para vosotros. Pero sé lo que está pasando. No me trates como a una idiota».

1993 Se filtra una transcripción completa de una conversación íntima entre Carlos y Camila, que había sido grabada en 1989. La publicación provocó un escándalo en la sociedad y en la familia real. Los detalles de la conversación que pasó a la historia como «tampongate», por su contenido, dejaron a la pareja de amantes al descubierto.

1994 Se emite un documental de televisión en el que Carlos admite tener una relación íntima con Camila «Ella ha sido una amiga durante mucho tiempo, y seguirá siendo una amiga durante mucho tiempo más».

1995 A principios de año Camila se divorcia de Andrew Parker Bowles, de quien ya llevaba dos años separada.

1996 En verano, después de una intensa separación, Carlos y Diana se divorcian.

1997 El día 31 de agosto, la princesa Diana fallece trágicamente en París.

1998 Camila conoce personalmente al príncipe Guillermo como novia de su padre.
Carlos aprovecha su fiesta de 50 cumpleaños para exhibir públicamente su relación con Camila. Isabel II y el príncipe Felipe no acuden al evento.

1999 Carlos y Camila aparecen en público como pareja por primera vez, en el Hotel Ritz de Londres, para la fiesta de cumpleaños de Annabel Elliot, hermana de Camila.

2000 La reina Isabel II accede a conocer a Camila en la fiesta del 60 cumpleaños del rey Constantino de Grecia que se celebró en Highgrove, la residencia del príncipe Carlos. Con este encuentro la relación oficial ya estaba en marcha.

2001 Carlos y Camila fueron fotografiados en un evento de la Sociedad Nacional de Osteoporosis en Somerset House, dándose su primer beso en público. La relación se ponía seria.

2003 La pareja se muda a Clarence House, y empiezan a vivir juntos oficialmente.

2005 En el mes de febrero, treinta y cinco años después de haberse conocido, Carlos y Camila anuncian su compromiso. El 9 de abril Carlos se casa con Camila.
Hubo mucha especulación sobre el título que ostentaría a partir de entonces. Camila se convirtió en Su Alteza Real, la Duquesa de Cornualles después de la boda, y se optó porque no utilizara el título de princesa de Gales, aunque, oficialmente lo era.

2017 Camila habla en público por primera vez sobre su relación con Carlos. Ella confesó: «no podía ir a ninguna parte. Todo era horrible. Fue un momento profundamente desagradable que no me gustaría desear a mi peor enemigo. No podría haber sobrevivido sin mi familia».

2022 Durante el jubileo de platino, la reina Isabel II compartió un comunicado expresando que era su «deseo sincero» que Camila fuera nombrada reina consorte cuando Carlos asuma el trono. En el comunicado la reina dijo «Cuando, en la plenitud de los tiempos, mi hijo Carlos se convierta en rey, sé que le brindarán a él y a su esposa Camila el mismo apoyo que me han brindado a mí; y es mi sincero deseo que, cuando llegue el momento, Camila sea concida como reina consorte mientras continúa con su leal servicio».

El 8 de septiembre de este mismo año, Carlos y Camila se convertían en los monarcas reinantes.

El 11 de octubre se comunica al mundo que la coronación del rey Carlos III, así como de la reina consorte Camila, se llevará a cabo el día 6 de mayo de 2023.

2023 El día 6 de mayo Carlos y Camila se coronan como reyes.

Conversación subida de tono: *Tampongate*

Este punto me dice mucho. Se trata de una conversación telefónica entre Carlos y Camila, filtrada en 1993, aunque su contenido fue grabado en 1989. Para entonces, el mundo ya sabía que el príncipe de Gales le era infiel a su esposa Diana con «la otra», Camila. Fue Diana, quién provocó que dejase de ser un secreto a voces cuando lo

La publicación del
«Tampongate».

grabó en unas cintas que sirvieron para el libro de Andrew Morton que se publicó un año antes.

Sin embargo, la difusión de esa conversación entre los dos amantes, tan privada, tan íntima, tan subida de tono y lujuriosa, era la prueba definitiva, no solo de que la relación era evidente, sino, de que marchaba viento en popa. Había pasión, había necesidad de verse, y había mucho, mucho de todo.

La puede leer en el recuadro para hacerse una idea. Pero yo voy por otro lado, su contenido. Más allá de que sus palabras puedan resultar provocadoras, para mí no son lo más importante. Lo que realmente me fascina es como la amante, Camila, lo incita, le sigue el juego, lo provoca. Lo conoce muy bien. Sabe que Carlos es vulnerable, que se entristece con facilidad, que tiene tendencia a la apatía, que se refugia en el recuerdo de los breves buenos momentos en los que disfruta, que los rememora, los añora, la echa de menos, y que se importa mucho a sí mismo.

La conversación en sí, usted lo verá, era privada. Cada uno estaba en su casa, con su familia —eso es lo peor. Era de noche. Él acababa de regresar de una gira y lo que más quería era relajarse junto a Camila, como no podía, la llamó. La historia de cómo se filtró esa llamada privada ya es otro cantar, y un gran misterio. Lo que se ha dicho, aunque yo no me lo creo, es que un radioaficionado captó por casualidad la llamada y con su equipo de alta tecnología resolvió grabarla. Después verificó de quién se trataba y decidió ofrecerla a un rotativo. Es bastante casual y sorprendente. Sobre todo, y esta es otra de las razones por la que no le doy veracidad a esta versión, es porque semanas antes también salió a la luz una conversación privada de la princesa Diana con su amigo íntimo James Gilbey, en la que le confesaba que su marido le hacía la vida imposible. Mucha casualidad todo. En mi opinión, los servicios de inteligencia británicos están detrás de ambas filtraciones.

La conversación telefónica

Camila: Mmm... eres increíblemente bueno cuando te siento tan cerca de mí.

Carlos: ¡Ay, para! ¡No continúes! Quiero sentirme muy cerca de ti, encima de ti, rodeándote arriba y abajo, dentro y fuera...

Camila: ¡Ay!

Carlos: Sobe todo dentro y fuera...

Camila: Sí... es justo lo que necesito en este momento. Es lo que necesito.

Carlos ¿Siii...?

Camila: Se que me hará revivir completamente. No puedo soportar un domingo por la noche sin tenerte a mi lado. Junto a mí.

Carlos: ¡Dios mío!

Camila: Es como el programa «comienza la semana». No puedo empezar la semana sin ti.

Carlos: ¿Te lleno el depósito, para que puedas aguantar?

Camila: Sí, por favor. Hazlo.

Carlos: Para que luego puedas aguantar un poco más.

Camila; Entonces me quedaré estupendamente,

Carlos: ¿Y qué pasa conmigo? El problema es que te necesito toda la semana, todo el tiempo ¡Dios mío! Si pudiera vivir metido en tus pantalones todo sería mucho más sencillo.

Camila: ¿En qué te quieres convertir? ¿En unas bragas? Vaya, ¿Así que te vas a convertir en unas bragas?

Carlos: O en un Tampax, con un poco de suete. ¡Estaría bueno!

Camila: ¡Qué tonto eres! ¡Ay! Qué idea más buena has tenido. De verdad. Qué buena.

Carlos: ¡Menuda suerte! Ser arrojado a la taza del wáter y no parar nunca de moverme dando vueltas en el agua sin hundirme nunca...

Camila: Cariño

Carlos: Hasta que venga el próximo

Camila: A lo mejor podrías convertirte en una caja llena
Carlos: ¿En qué tipo de caja piensas?
Camila: En una caja de Tampax; así podrías durar siem-
pre... Cariño. Te quiero ahora.
Carlos: ¿En serio?
Camila: Mmmmmmmm...

Como era de esperar, el contenido de la cinta conmocionó al Palacio de Buckingham, a Reino Unido, y al
mundo entero, en lo que ellos mismos denominaron «el
miércoles negro».

Esa conversación puso en marcha la rabia de sus respectivos cónyuges. Como sabe, insisto que ambos estaban casados con otras personas en el momento de la
conversación. Y, como era de esperar, más allá del escándalo público, llegó el privado. Andrew Parker Bowles le
pidió el divorcio a Camila, y no fue por la infidelidad
en sí misma. Ambos habían sido infieles en su relación,

incluso Andrew mucho más que ella. Sin embargo, la conversación subida de tono y hecha pública no podía ser aceptada por Parker y decidió terminar con el matrimonio, o lo que fuese que la pareja tenía. Una cosa era vivir un matrimonio con libertad sexual consentida por ambas partes, y otra que el mundo entero le viera como un cornudo.

Para Diana, en cambio, esa conversación era la prueba textual publicada de la infidelidad de su marido. No le gustó, pero le sirvió, y mucho, para recibir el apoyo público que tanto necesitaba. Por fin, se demostraba que no era una delirante.

De «Bruja» a reina consorte

Con todos los datos de Camila que estamos viendo, si tenemos en cuenta la transformación sobre ella que la opinión pública ha ido manifestando desde la muerte de Diana hasta la fecha, puede que resulte difícil de comprender y de asimilar. Pasar de ser la mujer más odiada a ser la reina da mucho que pensar. Pero, créame cuando le digo que ese lavado de imagen llevó mucho, pero que mucho, trabajo detrás.

Desde que Diana falleció en París, hasta que Camila es coronada como reina consorte de Gran Bretaña, pasando por un noviazgo ya formal con el viudo Carlos, y su matrimonio en 2005, la Casa Real puso en marcha todo su arsenal más poderoso para que el resultado fuese exactamente el que hemos ido viendo. Todo estuvo minuciosamente orquestado. Absolutamente nada se dejó al azar.

La cosa, más o menos, sucedió así: Tras el divorcio de ambas parejas, quedaba un asunto pendiente, había que dar los pasos convenientes para introducir de forma adecuada a Camila. Sin embargo, los planes de blanqueamiento se vieron truncados el 31 de agosto de 1997 con el fallecimiento prematuro y poco claro de la princesa Diana de Gales, en París. En ese momento, Camila fue más impopular que nunca, pero Carlos estaba dispuesto a continuar su relación con ella, incluso dejó muy clara su posición «mi relación con Camila no es negociable». Eso lo tenía claro.

Entre tanto, la Institución real tenía que ponerse en marcha de nuevo. En un principio hacía falta convocar una reunión urgente, y así se hizo. Ese fue el pistoletazo de salida, y su titular «introducir a Camila». Lo demás, se lo puede imaginar, una buena y paulatina campaña de marketing, a todas luces exitosa, y apariciones en público de Carlos y Camila cada vez más frecuentes. Pero, aún les faltaba resolver uno de los principales roles, que Camila fuese presentada a los príncipes Guillermo y Enrique, los hijos de Carlos y Diana, un puente difícil de cruzar. También la aceptaron. De puertas para afuera, la Casa Real se esforzó en exagerar que los niños estaban muy contentos de ver a su padre feliz, cuando lo que en realidad hicieron los príncipes fue pasar un mal rato y aceptar la petición de su padre. Nada más.

Poco tiempo después, la hermana de Camila, Annabel Elliot, su gran aliada, dio una fiesta para celebrar su cincuenta aniversario. Fue una cena de gala, con baile incluido, y actuaciones como la de Rowan Atkinson, que a todos nos suena mucho más como Mr. Bean. Fue durante ese evento que se tomó la primera fotografía, casi oficial, de Carlos y Camila juntos. Aunque, no fue hasta que falleció la reina madre en el año 2002, cuando Carlos se trasladó a Clarence House, la residencia que ésta ocupaba, y se llevó con él a Camila cuando su relación empezó a tomar un rumbo más institucional. Ya vivían juntos. Y, también juntos contrataron al famoso decorador Robert Kime para que en un tiempo récord redecorara la casa al gusto de sus nuevos inquilinos.

También fue motivo de atención crear una imagen física de Camila que tenía que ser acorde con su nuevo estatus. Ya no era «la amante», sino una nueva habitante de la *royal family* en construcción. Su peinado se cambió ligeramente, empezó a utilizar un maquillaje discreto, y a vestir trajes de modistos internacionales como Versace o Valentino. Todo muy sutil, no había que llamar la atención.

Y, así, llegó el 5 de febrero de 2005, que fue el día que todos pusieron la guinda en el pastel. Carlos y Camila se casaban. El palacio de Buckingham emitió un comunicado que encabezaba como «últimas noticias», y ponía fecha a su futuro matrimonio. Carlos, príncipe de Gales y, Camila Parker Bowles, se casarían el 8 de abril de ese mismo año.

«*Es con gran placer que se anuncia la boda de su Alteza Real el príncipe de Gales con la señora Camila Parker Bowles. La boda tendrá lugar el viernes 8 de abril de 2005 en el castillo de Windsor. El príncipe de Gales*

ha manifestado: «*La señora Parker Bowles y yo estamos absolutamente encantados. Será un día muy especial para nosotros y nuestras familias*». *La señora Parker Bowles utilizará el título de su Alteza Real duquesa de Cornualles después de la boda.*

Es intención que la señora Parker Bowles utilice el título de princesa consorte cuando el príncipe de Gales acceda al trono. La boda será principalmente una ocasión privada para familias y amigos. Habrá una ceremonia civil en el castillo de Windsor. Después habrá un servicio de oraciones en la capilla de San Jorge, que estará presidido por el arzobispo de Canterbury».

Éste fue el anuncio oficial que emitió la Casa Real, muy estudiado como todo lo que hacen, y en el que puede leer como se adelantan a cualquier pregunta que

tengan de antemano los ciudadanos, como por ejemplo qué lugar ocuparía Camila después casada, incluso, después de que su marido accediera al trono.

Sin embargo, hay muchas cuestiones que no se resuelven en el comunicado y continúa dejando muchas dudas. Una de ellas, que yo arrastro hasta el día de hoy, es porqué Camila continúa utilizando el apellido de su exmarido. Obvio, que ahora es reina Camila, y no tiene porqué utilizar ningún apellido, pero en ese anuncio de boda me pregunto si no hubiese sido más protocolario, incluso, de mejor gusto, utilizar Shand, el suyo de soltera. Nunca, a lo largo de todos estos años, Camila ha hecho ninguna mención a que la prensa utilizase mejor el Shand, incluso, el Mountbatten Windsor de la familia de su marido. Ahora, es la reina consorte Camila, pero no fue así durante mucho tiempo. A todo esto, siendo que en la actualidad, y por la crisis de salud que está viviendo la Familia Real británica que ha provocado que Camila sea la cabeza visible de su monarquía, destaca, y mucho, que Andrew Parker Bowles siga siendo su fiel confidente —junto con su hermana Annabel Elliot—, me hace pensar que ella se siente cómoda llevando ese apellido y no otro.

Otro dato muy poco o nada comentado es el de la sucesión al trono británico que viene regulado por el Acta de Establecimiento de 1701, y que en la fecha en la que Carlos y Camila contraen matrimonio estaba vigente. En ella se detallan, entre otras, la reglas de la primogenitura que se aplican en las que prevalece el varón ante la mujer, y en otro apartado se aporta otro dato relevante que es al que me voy a referir «aquellos que hayan sido alguna vez católicos, o que se hayan casado con católicos, resultan eliminados en la línea de sucesión a la Corona». Estas normas funcionaban de la forma y modo que he detallado hasta el día 28 de octubre de 2011 en el que Gran Bretaña y los países miembros de la Commonwealth aprobaron la propuesta hecha por el entonces primer ministro, David Cameron, de eliminar la preferencia masculina sobre la femenina en el acceso a la corona, y se descartaba el impedimento de no poder reinar si la persona consorte es o ha sido católica «se elimina la descalificación que surge del matrimonio con un católico romano» dice su texto. Esta ley entró en vigor el 16 de marzo del 2015.

El motivo por el que este dato me llamó la atención es, sin duda, por el historial de Camila. Desconozco si ella

se ha pronunciado alguna vez sobre su fe, pero me basta saber que su matrimonio con Andrew Parker Bowles fue celebrado en la fe católica y que sus hijos, Laura y Tom, fueron bautizados como católicos.

Nada se dijo tras el anuncio oficial de matrimonio de Carlos y Camila de que con esa ley vigente Carlos nunca podía haber reinado. Como digo, en 2011 la ley se cambió, pero mi pregunta es, qué plan pensaron que podían ejecutar si la reina hubiese fallecido en el periodo desde el año 2005 en que Carlos y Camila se unen en matrimonio, hasta el 2011, o 2015 que entra en vigor la nueva ley.

No pasó, pero no por eso es menos importante hacer la pregunta.

A partir de ahí, ya solo quedaba que se manifestase la reina, el Gobierno, y la Iglesia. Así lo hicieron. La Soberana, quién dicen que consideró a Camila una «bruja» en sus inicios, dijo que tanto el duque de Edimburgo como ella estaban muy felices de que fueran a casarse, y también que los príncipes Guillermo y Enrique compartían esa felicidad. El primer ministro del país, Tony Blair, interrumpió parte de su agenda para comunicar que era una gran noticia y que estaba muy contento, felicitando a los novios en nombre del Gobierno. Y, por último, la opinión de la Iglesia que tampoco se hizo esperar con las palabras del arzobispo de Canterbury diciendo lo satisfecho que estaba con el futuro matrimonio.

De esta manera, y con mucho trabajo en la sombra, Camila pasó de ser la «bruja» a duquesa de Cornualles.

LOS COMUNICADOS DE LA REINA, LOS PRÍNCIPES GUILLERMO Y ENRIQUE, EL GOBIERNO Y LA IGLESIA

—**Comunicado oficial de la reina:** «El duque de Edimburgo y yo misma somos muy felices por el hecho de que el príncipe de Gales y la señora Parker Bowles vayan a casarse. Les expresamos nuestros mejores deseos para su futuro unidos».

—**Comunicado príncipes Guillermo y Enrique:** «Los dos nos sentimos muy felices por nuestro padre y por Camila y les deseamos buena suerte para el futuro».

—**Comunicado del primer ministro del Gobierno:** «Es una alegría. Es una gran noticia, y cuando el gabinete lo supo esta mañana, enviaron felicitaciones y buenos deseos en nombre de todo el Gobierno»:

—**Comunicado de la Iglesia, el arzobispo de Canterbury:** «Estoy satisfecho de que el príncipe Carlos y la señora Camila Parker Bowles hayan decidido dar este importante paso. Espero y rezo para que sea una fuente de apoyo y fortaleza para ellos y sus próximos. Estas disposiciones (el arzobispo presidirá unas preces tras la ceremonia civil) cuentas con mi pleno apoyo y son conformes con las normas de la Iglesia de Inglaterra relativas a un nuevo matrimonio que el príncipe de Gales acepta enteramente como anglicano practicante y potencial jefe supremo de la Iglesia de Inglaterra».

Camila una reina compleja

Camila es una mujer compleja con una historia de vida marcada por su relación clandestina con el entonces príncipe de Gales, mientras que ambos estaban casados con otras personas. Compleja también por sus decisiones controvertidas.

Cómo está viendo, Camila de niña tuvo una infancia feliz en una familia acomodada que le brindó una base emocional sólida, lo que ha contribuido, sin duda, a su naturaleza alegre y divertida a lo largo de los años. Sin embargo, esto no le impidió que, a medida que crecía, sus acciones y elecciones la llevaran por caminos más pecaminosos y complicados.

Sus íntimos me la describen como una mujer capaz de irradiar alegría y diversión, lo que la hace tremendamente adictiva, incluso, atractiva a los demás. Su personalidad viva y su capacidad para disfrutar de la vida son su principales armas que no duda en desplegar.

Si bien, no todo es agradable en su personalidad. La manipulación y el engaño también ha formado parte de su interior. La historia de Camila revela su tendencia a manipular a personas para satisfacer sus propios deseos y necesidades emocionales. Esto demuestra una personalidad visiblemente egocéntrica.

Por poner un ejemplo, Camila utilizó al príncipe Carlos para darle celos a otro hombre, Andrew Parker Bowles. Esto revela una falta de consideración por los sentimientos de aquellos a quienes involucra en su particular juego emocional. Otro ejemplo lo vemos también cuando su relación con el príncipe de Gales prospera y no duda en mantenerla sin importar lo que pueda estar sintiendo la princesa Diana, incluso su marido Andrew, cuando la infidelidad se hace pública.

Si bien, esto es así, también hay otro lado menos divulgado de la personalidad de Camila: su necesidad de búsqueda de aprobación. El hecho de que se sintiese cómoda con una relación adúltera durante tantos años de su vida, incluso sabiendo que esa circunstancia estaba dañando a otras personas, sugiere una búsqueda constante de validación y aprobación externa.

Camila, a pesar de su aparente seguridad y despreocupación, se ha visto afectada profundamente por la hostilidad y el odio que ha recibido del público. Esto es un claro indicador de vulnerabilidad en su autoimagen y la necesidad de reconocimiento positivo.

Tras el trágico suceso de la muerte de la princesa Diana, y la persistencia de su relación adúltera mantenida durante años con el marido de la princesa, Camila, finalmente tuvo que buscar ayuda psicológica. Esto también sugiere un reconocimiento de la necesidad de enfrentar y abordar los aspectos más oscuros de su personalidad y también de su comportamiento.

Llegados a este punto, podríamos pensar en la posibilidad de que Camila, al vivir la muerte de la que fue mujer de su amante, Diana, sintiese un remordimiento por su papel en la situación. Resultaría convincente que este hecho le hiciese reflexionar sobre cómo su relación adúltera contribuyó a la tensión y la dificultad en la vida de la mujer fallecida. Pero no es el caso. Camila no manifestó este sentimiento de remordimiento. Su búsqueda de paz interior se debía a lo que el mundo exterior hablaba de ella.

Ser considerada «la tercera mujer» en su relación con Carlos generó en Camila un marcado sentido de la vergüenza que hasta la muerte de la princesa Diana no había sentido. El escrutinio público y el juicio de la sociedad le hizo sentir señalada como la persona que fue responsable de la ruptura del matrimonio de Carlos y Diana.

Esta vergüenza que Camila sentía a presentarse ante una sociedad que le señalaba con el dedo, afectó a su autoestima y a la imagen fuerte que tenía de sí misma. Esa percepción negativa de todos contra ella tuvo un impacto considerable en su autoconcepto, y fue uno de los motivos que la llevaron a solicitar esa ayuda psicológica.

Al mismo tiempo que Camila sentía esa vergüenza, también sentía rabia. Rabia porque ella entendía que la culpaban injustamente.

La vida ordenada de Camila

Su rutina transcurre en una secuencia minuciosamente planificada, todo está programado, porque su agenda va más allá de lo que se esperaba de ella. Los acontecimientos la han impulsado a una posición extrema adjudicándole el puesto número uno de la corona, a una edad en la que sus coetáneos ya gozan de una plena jubilación.

Desconozco el nivel de estrés que puede originar asumir de pronto los roles de una reina. No es lo mismo ser la reina consorte, la que acompaña, que, de alguna manera, llevar las riendas. Y, más aún, una mujer siempre ha necesitado contar con un refugio seguro dónde poder «despresurizar» cada vez que las cosas se ponían feas. Su santuario privado, es la casa que posee en Ray Mill, en Witshire, a muy pocos kilómetros de Hihgrove, la que compró su esposo cuando era príncipe de Gales, y el lugar dónde siempre vuelve cuando necesita alejarse de Londres.

En Witshire Camila pasa muchos días lejos del escrutinio público, cuando se considera sobrepasada. Allí, se

distrae cocinando, viendo películas de género negro, y recibiendo a sus hijos y nietos. La mayor parte de las veces sin su marido.

La crisis de salud que azota a los miembros de alto rango de la Casa Real es la más grave que han vivido. Con el rey Carlos III recibiendo tratamiento por un cáncer, la princesa Kate Middleton fuera del escenario público por sus problemas de salud, y con Guillermo, príncipe de Gales, de baja voluntaria, el temporal azota con fuerza en los cimientos de la casa Windsor.

Ante este espectáculo desolador y único en la historia contemporánea de esta familia, Camila se ha convertido en la cabeza visible de la monarquía, algo impensable hace veinticinco años, incluso en la última década. Le digo más, durante la crisis de salud, con los miembros de primera línea fuera del escenario, Camila está reinando y su segundo no es Guillermo —el siguiente en la línea sucesoria—, su segundo, su apoyo, es su ex marido Andrew Parker Bowles, ex oficial del ejército. Con él organiza la mayor parte de sus apariciones y con él almuerza casi todos los días. Andrew siempre fue su cómplice, y sigue siendo su cómplice. Él es quien está detrás de garantizar a Camila un gran número de seguidores, y también es quien más la calma cuando está sobrepasada por el espectáculo que están dando las primeras figuras de la monarquía. No olvidemos algo importante que a mí me han recordado hace unos días; Camila tiene su propia casa, su propio dinero, y su propia corte en la sombra. Esa es una gran baza para la reina, la reina que no iba a ser.

Retrato de la boda de Carlos y Diana, en 1981.

DIANA SPENCER
*La reina
que no dejaron ser*

Diana Spencer,
la reina que no dejaron ser

EL SACRIFICIO DE LA DAMA

El sacrificio de la dama se realiza con el fin de obtener una posición abierta del rey contrario. Este sacrificio puede ser parte de una combinación brillante y requiere un cálculo preciso y una evaluación profunda de la posición, ya que compromete significativamente la materialidad del juego.

DIANA FRANCES SPENCER

Nombre: Diana Frances Spencer.
Nacimiento: Nació a las 18:45 h, del día 1 de julio de 1961, en Park Hous, Sandringham (Norfolk).
Padre: John Spencer, VII conde de Spencer.
Madre: Frances Burke Roche.
Conyugue: Carlos, príncipe de Gales, actual rey Carlos III, desde 1981 hasta su divorcio en 1996.
Hijos: Guillermo, príncipe de Gales, Enrique, duque de Sussex.
Fallecimiento: Paris, 31 de agosto de 1997.

De todas las historias de príncipes y princesas, incluidas las de la vida real, ninguna ha comenzado y terminado como la de Carlos y Diana. Su historia de pareja comenzó como un maravilloso cuento de hadas y finalizó como la más tradicional tragedia griega con la prematura muerte de ella.

Y, digo que comenzó como un cuento de hadas porque así lo percibimos todos, todos los externos a Diana, claro. La verdad que se ocultó tras ese compromiso, que de idílico no tuvo nada, fue mucho más terrible, más oscura y, de alguna manera, mucho más cruel.

Voy a intentar desmenuzar aquí como fue la situación de ese noviazgo y de ese matrimonio fuera de los focos, detrás de todo lo bonito que nosotros le íbamos poniendo a su historia de «amor». Porque es muy posible que todo lo que vivimos en sus inicios como una experiencia maravillosa no lo fuera ni por asomo así. Veamos.

PERFIL DE LA REINA DIANA

Infancia

No, no es en absoluto fácil ponerse en la piel de Diana, eso es cierto. Todo parecía augurar una vida fácil y llena de amor a esa niña que nació de cuna en una familia de aristócratas ingleses. Nada más lejos de la realidad.

Si bien, a Diana no le faltó nada material nunca, sí que careció de lo más importante en una vida, de aquello que ni un bebé, ni siquiera un adulto, puede prescindir, el amor. Diana fue una niña no deseada. Sus progenitores querían un hijo varón, porque le habían precedido dos niñas y el nacimiento de Diana fue una decepción para su padre, John Spencer, el VII conde de Spencer, y para su madre Frances. Tanto es así, que el alumbramiento no fue anunciado a ningún miembro de la realeza como venía siendo su cos-

tumbre, aunque sí lo habían hecho con los dos anteriores nacimientos.

Otra evidencia clara que ilustra lo que digo es que Diana nació sin nombre. Se lo pusieron días después de haber nacido. Y, aunque tal vez esto de forma aislada no tendría más importancia, incluso teniendo en cuenta que en una familia noble nada se deja al azar, son los hechos familiares que se fueron sucediendo desde ese día, y durante toda su infancia, los que provocaron en la Diana adulta que la búsqueda de amor constante se convirtiera en el pilar más importante de su vida.

Un hecho que me llama poderosamente la atención en este sentido es que inmediatamente después de haber

nacido, sus padres la trasladaron lejos de su dormitorio, y la instalaron, junto a un osito de peluche, en el ala de la finca reservada a los niños y al cuidado de una institutriz. Con sus hermanas mayores ese traslado se produjo cuando ya contaban con varios meses de edad.

Hago un inciso aquí para contar algo que me parece importante para entender bien este episodio. Su apego más amoroso fue ese osito de peluche que le he mencionado, y al que llamó Bertie. Bertie no se separó de ella nunca. Y, si le digo nunca no es una hipérbole de escritor. Es nunca. Es más, cuando Diana se convirtió en princesa de Gales todavía dormía con Bertie.

Bertie representaba para Diana la confianza de lo conocido, de lo querido. La seguridad que no tuvo en su niñez, y que en su edad adulta, ese objeto de transición se convirtió en un elemento indispensable porque suplía la carencia de afecto que arrastraba desde su nacimiento.

Lo que quiero decir con esto es que se gestó en la niña —después en la adulta—, una dependencia emocional, y un apego afectivo que regirían toda su vida.

Vuelvo al episodio de su infancia. La cosa se complicó aún más para ella cuando su hermano Carlos (Charles, ahora el IX conde Spencer), el ansiado varón, llegó tres años después de su nacimiento. Desde ese momento, Diana peregrinó de institutriz en institutriz y, cuando fue creciendo, de internado en internado.

Inmediatamente comenzaron en la niña los primeros síntomas de llamar la atención hacia aquellos adultos que debían amarla y protegerla, pero no lo hacían. Empezaron a llegar las malas notas y los castigos frecuentes. Era su manera de comunicar, sin saberlo, que las cosas no iban bien.

Aún no había cumplido los dieciocho años, cuando do Di decidió no seguir estudiando. Se independizó y trasladó su residencia a un pequeño piso en el nº 60 de

Coleherne Court, y comenzó a trabajar de auxiliar de preescolar en la escuela Young England, de Pimlico.

Esa decisión fue un oasis en su ánimo. Fueron unos meses felices lejos de la familia que tanto dolor le causaba. Al fin la niña se enfrentaba a ella misma y podría tener la oportunidad de saber qué deseaba por sí misma. Sin embargo, esa situación a penas duró unos meses, y estos no fueron los suficientes para conseguir hacer el «duelo» y alejarse de esa tortuosa infancia para abrir las puertas a la edad adulta. Apareció su príncipe Carlos. Ese hombre que iba en busca de una mujer casta, pura y virgen.

Sí, el príncipe de Gales reapareció en la vida de Diana (ya se conocían porque había sido novio de su hermana Sarah).

Diana llegando a su apartamento en Coleherne Court, Londres, antes de su compromiso con el príncipe de Gales, en noviembre de 1980.

El origen

Desconozco si Diana fue consciente de en qué momento empezó a sentirse poco querida, poco necesitada. Intuyo que fue muy pronto. Entiendo que su principio fue en esa infancia de carencia afectiva.

Para llegar a estas conclusiones me basta con saber que sus padres protagonizaron unos de los divorcios más polémicos de su tiempo, a lo que se sumó que la honorable Frances, su madre, abandonó la familia para irse a vivir a la isla escocesa de Seil con su amante, el millonario

Peter Shand Kydd. Y, por su parte, el conde Spencer, su padre, contrajo un nuevo matrimonio con la hija de la escritora Barbara Cartland. Un hecho traumático para Diana porque se enteró del evento a través de la prensa.

Ironías del destino, Diana se inició en el romanticismo amoroso precisamente con los libros de Cartland. Un romanticismo que vivió con ella hasta el día de su muerte y que con el transcurso del tiempo perdió la naturalidad de la inocencia y se convirtió en esa necesidad, más bien patológica, de recibir amor a cualquier precio. Y, no hablo únicamente del amor de pareja, sino, de la búsqueda incesante de que la quisieran. Diana buscaba desesperadamente muestras de cariño, y si no las recibía las exigía. Se pasó una vida intentando que escucharan sus gritos de auxilio, pero no recibió demasiadas respuestas. Era entonces cuando se le disparaba el síndrome de abstinencia y su conjunto lo somatizaba con desórdenes alimenticios y depresión.

He conseguido muchos testimonios sobre lo que aquí contaré de esa Diana menos conocida. Fuentes muy cercanas a la princesa que conocí en mi viaje de investigación a Londres y al pueblo de la campiña inglesa que la vio corretear de pequeña, Great Brington. También, Mohamed Al Fayed, padre de Dodi Al Fayed, el hombre que falleció junto a ella en París, me facilitó muchos datos acerca de los sentimientos de la princesa que aquí detallo.

Aunque, la fuente importante para este perfil es sin duda la propia Diana. Ella misma habló con sinceridad de sus problemas. Un día apareció en televisión luciendo un maquillaje sobrio y triste. Frente a ella se encontraba Martin Bashir, un periodista de la *BBC*, que utilizó algunas artimañas fuera de lugar para conseguir tener a la princesa Diana ante las cámaras. Pero eso aquí no es lo importante. Lo importante es lo que dijo, sus senti-

mientos. Nadie puede decir que las palabras de Diana no fueron sinceras.

Ante la atenta mirada de un mundo sorprendido por su atrevimiento, la princesa confesó, y mucho. Del interés en que su matrimonio funcionara dijo «Pienso que en cualquier matrimonio, especialmente cuando uno mismo ha tenido padres divorciados como yo, deseas intentar, incluso más intensamente, que la relación funcione bien. No quieres caer nuevamente dentro de un patrón que ha has visto suceder en tu propia familia. Deseaba desesperadamente que funcionase bien. Amé desesperadamente a mi marido y quise compartir todo junto a él. Y pensé que formábamos un buen equipo».

Fijémonos, que incluso con su matrimonio ya haciendo aguas (la entrevista se emite en noviembre de 1995), Diana habla con pasión de vida conyugal «amé desesperadamente». Esas palabras dan una clave muy acertada del malestar psicológico que sufría.

Sus mensajes están repletos de una gran susceptibilidad, incluso de crítica, de denuncia. Ella se quejaba de que el más común de los mortales pensara que con la atención que recibía de los medios, de la gente, era suficiente. Reprochaba a los que decían que utilizaba su fama como una forma de venganza hacia quienes intentaban herirla, que era una manera de transmitir que gustaba a mucha gente y ese pulso mediático lo ganaba ella. Pero no era esa la atención que realmente la hacía feliz. Así lo dijo «Cuando nadie te escucha, o sientes que nadie te escucha, puede suceder cualquier cosa. Si en ese momento estás experimentando dolor, incluso, puedes llegar a lastimarte porque deseas ayuda. La gente que me rodeaba lo veía como un grito de alguien que busca atención, y pensaban que estando todo el tiempo en boca de los medios yo ya tenía suficiente. Pero yo estaba gritando. Realmente comencé a hacerlo, a exteriorizarlo de alguna manera porque deseaba ponerme bien y continuar con mi deber y mi papel como esposa, madre y Princesa de Gales. Sufrí mucho conmigo. No me gustaba a mí misma y me sentía avergonzada de no poder hacer frente a las presiones. Acabé dañando mis brazos y mis piernas».

Diana se victimizaba a sí misma. Ella se veía la víctima en cualquier situación. Y, realmente era una víctima. Una víctima porque nadie le había enseñado a la edad que le correspondía, que no podía delegar en ninguna otra persona su felicidad. Nadie le había corregido cuando empezó con sus desordenes alimenticios, que su felicidad solo tendría que depender de ella. Que era su responsabilidad independientemente de lo que los demás hiciesen o dejasen de hacer.

Los síntomas en Diana eran bien identificables: una necesidad abrumadora de afecto y ser correspondida la llevó a la depresión y a cinco intentos de suicidio. Esto último lo más duro.

Diana intentó quitarse la vida cinco veces. La primera vez fue tirándose por las escaleras cuando estaba embarazada de su primogénito, el príncipe Guillermo. Otro intento lo acometió cortándose las venas con una navaja. Un tercero y cuarto, hiriéndose en el pecho con un cuchillo, y el quinto cortándose las muñecas con un corta frutas. «La depresión dio a todos una nueva etiqueta sobre mí. La maravillosa Diana es una persona inestable».

Y, ahí estaba su marido, recibiendo una serie de mensajes que no entendía. Que no entraban dentro de esa educación rígida con la que había sido criado. Una mujer que osaba amenazarlo con quitarse la vida, pero que no lo hacía. Carlos dejó de creerla. Y, me atrevo a deducir con esta escena, que Diana deseaba castigarle constantemente. Castigar al esposo que, ni por asomo, estaba a la altura de las expectativas que ella tenía.

Tal vez, ese era el motivo por el que todos los intentos de suicidio los acometió siempre delante del príncipe. Y, de entre todos ellos, hay uno que he mencionado que llama poderosamente la atención, el tirarse por las escaleras embarazada de Guillermo. La situación se desarrolló de forma rápida. Era año nuevo de 1983 en la finca de Sandringham. Diana y Carlos se habían enzarzado en una acalorada discusión. Una de las muchas que se sucedían intermitentemente. Carlos bajó las escaleras de madera con prisa mientras la princesa, embarazada de casi cuatro meses, le gritaba desde lo alto de las mismas, que daban acceso directo al zaguán de la entrada. Carlos ignoraba sus gritos, estaba decidido a huir de la discusión y a cabalgar durante un par de horas por sus terrenos. Antes de que el príncipe abriera la puerta, ella se arrojó peldaños abajo, hasta llegar al pie de la escalera. En ese preciso momento la reina madre, alertada por los gritos, entró en la estancia.

La suerte estuvo del a favor de Diana, que no resultó a penas herida, y el bebé no sufrió las consecuencias de la caída.

La bulimia

Y, llegó el momento en que Diana confesó su bulimia «Sí, tuve bulimia durante muchos años. Eso es como una enfermedad secreta. Generalmente se sufre porque tu autoestima está en un punto muy bajo y no piensas que eres digna, y te crees sin valor. Así, llenas tu estómago por encima de lo normal, de cuatro a cinco veces al día. Eso te da una sensación de confort. Es como tener un par de brazos a tu alrededor, solo que estos están presentes temporalmente. Entonces te disgusta sentirte tan llena y lo vomitas todo. Es un patrón repetitivo que es muy destructivo. Al llegar a casa todo resultaba muy difícil, no era cómodo para mí.

Así que cuando me sentía mal, asaltaba el refrigerador. Era un síntoma de lo que estaba pasando en mi matrimonio. Gritaba para pedir ayuda, pero solo recibía las señales del mal. La gente utilizaba mi bulimia como argumento para hablar mal de mí. Decían que ese era el problema. Diana era inestable... La causa era la situación en la que mi marido y yo debíamos guardar los problemas íntimos que nos estaban sucediendo porque no deseábamos decepcionar al público, pero, obviamente, había mucha ansiedad que se iba creando dentro de nuestras cuatro paredes... Bien, cuando comía me decía: "Supongo que vas a malgastar ese alimento más adelante", y esa era ya una presión en sí misma. Y, por supuesto, lo hacía porque era mi válvula de escape. Esto duró más de tres años... Era bastante devastador. Bulimia desenfrenada... y apenas una sensación de no ser buena para nada. Ser inútil y no servir para nada. Me sentía desesperada y fallaba en cada dirección que tomaba... Con un marido que amaba a otra mujer. Sí, había tres personas en esta unión, así que estábamos muy apretados. Tres son muchos en una relación».

Estoy convencida de que Diana no fue consciente de su desequilibrio, sobre todo al principio, motivo por el que no solicitó una ayuda médica temprana.

Un detalle que ilustra lo que digo y que, tal vez, ha pasado desapercibido, es que su bulimia comenzó mucho antes de su boda con el príncipe. También se ha evitado darle bombo a que esos mismos desórdenes nutricionales los sufrió su hermana Sarah. Por supuesto, la mala relación de Diana con el príncipe de Gales agravó la situación.

El príncipe que salió rana

Carlos fue para Diana su primera vez en todo: su primer beso, su primer abrazo, su primer amor, y su primera experiencia sexual. Demasiado en su conjun-

to para poder olvidarle cuando tuvo que hacerlo.

También, es bueno recordar que Carlos aparece en la vida de Diana cuando ésta ya carga con su desajuste emocional y sin la madurez necesaria que posiblemente le hubiesen dado los años y un duelo bien gestionado. A Diana el amor del príncipe le llegó mucho antes de que de que hubiese tenido sus capacidades de razón en pleno rendimiento, antes de hacer las paces con su pasado y resolver sus conflictos. Ese amor, sin duda alguna, determinó todos los que estarían por venir, y de los que también hablaré aquí.

Lo que quiero decir con esto es que la elevada susceptibilidad que Diana mostraba ante las personas que le interesaban de verdad era caldo de cultivo para después transformarse en un gran problema, para sí misma, y para todos los que se encontraban en ese foco, en tanto que cualquier señal podía desencadenar una visión alterada de la realidad, su realidad.

En medio de esa carga emocional aparece Carlos que, además, era príncipe, y Diana intuyó que sus problemas habían terminado. Había llegado la persona que iba a protegerla y a salvarla. Había aparecido su gran amor, había llegado su príncipe. Sin duda, Diana se enamoró del hombre, pero también de lo que tenerle podía significar y, por qué no decirlo, también de la idea de convertirse en una princesa. Su cuento de hadas se puso en marcha.

Diana pasó de cero a cien en muy poco tiempo. De sentirse rechazada, fácil de olvidar, y totalmente prescindible, a derrochar entusiasmo porque había conquistado al soltero más codiciado de la realeza. Y, era para estarlo. Carlos ante ella se mostraba gentil, refinado, atento, y un sinfín más de cualidades bien aprendidas entre los muros del palacio.

Y, empezó el cortejo, o más bien, lo que el príncipe entendía por cortejo, que consistía únicamente en dar largos paseos. En este punto es bueno recordar que Diana tenía que llegar virgen y casta al matrimonio. Es más, durante los meses que duró el noviazgo únicamente se vieron en trece ocasiones y en todas ellas

El príncipe Carlos cuando era niño con su tío abuelo durante un viaje a Malta en 1954.

Diana le seguía llamando «señor», y debía esperar pacientemente que fuese él quien concertara la siguiente cita, nunca ella. Citas con largos periodos de ausencia en los que puedo intuir la ansiedad que sufría Diana preguntándose cuándo llegaría la próxima visita. No podemos dejar a un lado el hecho de que Diana se enamoró enseguida de su príncipe por lo que su angustia ante la pérdida era notable y, por su parte, Carlos buscaba a la mujer adecuada que su corte le exigía y ese era el sentimiento que le movía. El resto del tiempo en el que no se veían el príncipe de Gales disfrutaba de Camila Parker Bowles, su amor prohibido.

Lo que veo claro es que por su propia herencia personal, ambos eran antagónicos por naturaleza. Y, así se gestó su relación. Una relación secreta para el mundo y brotada de intereses muy distintos. Por tanto, el príncipe Carlos se convirtió en una relación del todo idealizada para Diana.

Novios por conveniencia

Si nos paramos a pensar un poco en cómo se gesta la relación entre Carlos y Diana, lo que a todas luces resulta evidente es la necesidad y la conveniencia entre las partes de que el compromiso se haga realidad. Y, cuando hablo de conveniencia tampoco dejo atrás al propio Gobierno británico que entonces estaba inmerso en una escandalosa crisis económica bajo la presidencia de su primera ministra Margaret Thatcher, la primera mujer en alcanzar el ministerio.

Gran Bretaña, acostumbrada a ser la niña bonita de Europa, amanecía todos los días con titulares que delataban los conflictos internos entre sindicatos y el Parlamento. Era una situación difícil para el país, y el anuncio del compromiso real fue un balón de oxígeno para la política y su *establishment*.

Digo con esto, que los hechos que llevaron a Carlos y Diana a iniciar una relación tuvo poco o nada que

La primera aparición en prensa de Diana como invitada del príncipe Carlos. el pie de foto dice: »Febrero de 1980: Después de un fin de semana como invitada de la Reina en Sandringham, en Norfolk, una belleza desconocida llamada Lady Diana Spencer regresa a la estación de Liverpool Street en Londres».

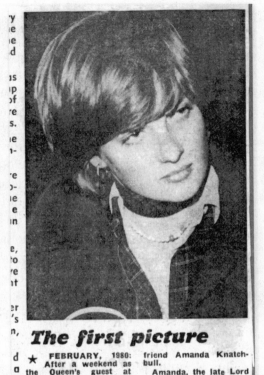

The first picture

★ **FEBRUARY, 1980:** After a weekend as the Queen's guest at Sandringham, in Norfolk, an unknown beauty called Lady Diana Spencer arrives back at London's Liverpool Street station.

The spotlight is on her friend Amanda Knatchbull.

Amanda, the late Lord Mountbatten's granddaughter, has been tipped as a possible bride for Prince Charles.

So the fair Diana escapes notice by all but a Sun cameraman.

ver con Cupido, y mucho con la intencionalidad ajena a ellos. Esa unión fue fruto de la presión que el príncipe de Gales estaba recibiendo a diario para que abandonase a la amante y se uniese a una mujer adecuada para ser su esposa y al interés particular del Gobierno Británico para alejar el foco mediático de sus políticas. Diana era la adecuada.

Aunque, antes de que Diana llegase a la vida de Carlos, vale la pena que descifremos las causas que provocaron ese acercamiento, y aquí vuelve a entrar en escena el conde de Mountbatten, el tío de Carlos.

Mountbatten, mentor, confidente y cómplice de los primeros escarceos sexuales de su sobrino, y uno de los principales conspiradores para que olvidase los planes matrimoniales con Camila, ejercía una influencia importante en el príncipe de Gales a quien llamaba su nieto honorifico. También él, fue uno de los principales responsables en inculcar en su sobrino la necesidad de un matrimonio urgente. Sin embargo, el destino iba a conspirar esta vez por sí solo. El caso es que el conde, amante de la pesca, se tomó unos días de descanso en Mullaghmore, condado de Sligo, en la costa de Irlanda; era el 27 de agosto de 1979, un día que Carlos nunca olvidará.

Luís Mountbatten zarpó en su barco con una pequeña tripulación poniendo rumbo a la bahía de Donegal, acompañado por su hija patricia que viajaba con su suegra, su marido, y sus hijos gemelos, para pasar un día de pesca en familia. Cuando el barco alcanzó los doscientos metros de la orilla, Thomas McMahon, miembro del IRA, pulsó el botón del mando de control remoto que tenía en la mano y los 25 kg de explosivo que él mismo había colocado la noche anterior, estallaron destruyendo el barco. Uno de sus nietos, un tripulante y su suegra

El príncipe Carlos y su prometida Lady Diana Spencer, relajándose en una cerca en Balmoral el 6 de mayo de 1981, durante sus vacaciones escocesas.

fallecieron en el impacto, los demás fueron rescatados por un barco pesquero y trasladados al hospital. Luís Mountbatten falleció a las pocas horas.

Aquí es donde enlazo esta historia con Diana. El caso, es que la muerte del conde de Mountbatten dejó abatido al príncipe de Gales y esa tristeza fue pública. Pocos meses después del funeral, Diana y Carlos coincidieron en un partido de Polo. Allí, Diana se acercó al príncipe y le manifestó sus condolencias entablando una conversación íntima en la que le expresaba su preocupación por él y su propia tristeza de verlo tan solo. Obvio, que el talante cariñoso de Diana y sus palabras de interés hacia el estado de apatía en que se encontraba el príncipe llegaron a la escena en el momento oportuno. No tuvo comparación con la autopresentación que hizo Camila «lo primero es presentarme, y después saltar a tu cama», pero nadie en el mundo podía sustituir a Camila, y eso era un hecho para Carlos.

Sin embargo, el príncipe se sintió atraído por esa suerte de ingenuidad infantil que despertaba Diana, así como por el resto de la conversación que delataba los buenos modales de la futura princesa, y por el interés que mostraba en distraerle de su pena. No fue un flechazo para él, y así se lo expresó esa misma noche a dos de sus amigos, pero también les añadió algo importante; que podría llegar a enamorarse de esa mujer y que pensaba que había conocido a su futura esposa.

Por su parte, Diana también charló de forma efusiva con sus amigas explicando la atención que había despertado en el príncipe. En ese momento, Carlos se convirtió en su sueño más preciado. Aunque, no fue hasta unos días después, cuando el príncipe de sus sueños la invitó a pasar un fin de semana en el castillo de Balmoral (finca escocesa de la familia), que su imaginación se disparó y su sentimiento hacia él también, había llegado su salvador, el príncipe que iba a rescatarla de sus desdichas, su particular cuento de hadas. Por fin ella era deseada, por fin era la protagonista de una escena de amor al más puro estilo de las novelas románticas de Cartland que tanto le gustaban.

Diana llegó a Balmoral y, a diferencia de como lo haría Camila cuando la invitaba Carlos, no compartieron habitación. Insisto, en que la elegida para llevar al príncipe al altar tenía que ser inmaculada y virgen, sin pasado amoroso. Con este fin, su estancia fue lo más protocolaria posible y, mientras Carlos se hospedó en la mansión principal, la invitada fue alojada en la casa de invitados.

Ese mismo día, unos *paparazzi* que solían cubrir la zona en busca de algún escarceo del príncipe, captaron una imagen de la pareja paseando por los jardines de la finca. Al día siguiente, con la prensa del desayuno, llegaron los primeros titulares sobre la amiga especial del príncipe. Diana había dejado de ser anónima.

Ese fue el pistoletazo de salida de las millones de publicaciones en el mundo que se habrían de escribir sobre la pareja. Diana se convirtió en el objetivo de la prensa, y los medios de comunicación se asentaron delante de su casa, de su lugar de trabajo, del gimnasio donde acudía, o de cualquier lugar donde la joven desconocida se desplazara. La especulación pública estaba servida. Pero, Diana salió ganadora de todo el tinglado que se había construido en torno a ella, es más, Diana conquistó a todos con su frescura pueril y con esa icónica mirada de abajo hacia arriba y su particular gesto de inclinar la cabeza para sonreír con la timidez de un cachorrillo. Estaba emocionada.

Desde su estancia en Balmoral unos días antes, Diana se instaló en una burbuja de ilusión y magia. Se imaginaba el final, y ese final era muy, pero que muy feliz. Ese final era imaginado una y otra vez con una ilusión voraz, titánica; una declaración amorosa seguida de un vestido blanco y un sí ante el Altar.

Por su parte, Carlos vivió la experiencia de forma muy distinta. Mucho más fría, y más incómoda. La curiosidad mediática por saber que había entre ellos aumentaba a pasos agigantados, y la presión de su familia, sobre todo de su padre, no se quedaba atrás. Carlos tenía que contraer matrimonio y tenía que hacerlo ya.

Así, llegamos a una Diana ilusionada y un Carlos presionado. Suma y sigue. La emoción pública empujaba a dar la noticia del compromiso real, la conveniencia del matrimonio llevaba muchos beneficios detrás que aún apretaban más, y el príncipe solo sentía confusión. Él también sabía que era el momento, que Diana, no lo olvidemos, era la adecuada, pero aún estaba con Camila. A los que sabían de esa relación con la amante les había dicho que de prosperar su unión con Diana, Camila sería solo su gran amiga, pero que cortaría cualquier encuentro amoroso con ella. A saber.

En medio de tanta divagación, el duque de Edimburgo, el único a quien Carlos seguía obedeciendo, le dio un ultimátum; la expectación era masiva y tenía que decidir si dentro o fuera, es decir, o se casaba o la dejaba.

Este punto es muy relevante para que podamos entender como se gesta la relación. Tenemos a una Diana exasperada por tener noticias de su príncipe a quien ella visualiza tremendamente enamorado. Pero, las noticias de él son escasas, casi no la llama y distancia sus encuentros de una manera que nadie experimentado en relaciones amorosas entendería. Si bien, Diana se tranquilizaba a sí misma normalizando una situación del todo inexplicable y que solo con el paso de los años entendió «solo nos vimos trece veces antes del compromiso», dijo años más tarde. Situación de alarma.

Por otro lado, tenemos al Carlos hombre presionado, confuso, y tomando distancia para ver como resolvía la situación y, no olvidemos al Carlos príncipe, que tenía un deber que cumplir si no estaba dispuesto a renunciar a sus privilegios, lo que convertía su decisión en una decisión de Estado. Finalmente, el Estado convenció a su futuro monarca por lo que decidió el príncipe y no Carlos.

Lo que sigue a mí me parece llamativo. El príncipe de Gales se había ausentado durante tres semanas en lo que se supone que era un viaje oficial. Durante ese tiempo Diana no recibió ninguna noticia de él, ni una

Los anillos de compromiso del príncipe de Gales y su prometida
Lady Diana Spencer en una foto de 1981.

llamada, ni una carta, ni un mensaje. Si bien, Carlos, al igual que hizo anteriormente con Camila, aprovechó el tiempo ausente para pensar lo que a él le convenía y tomar una decisión. El mismo día de su llegada a Londres, esto fue a principios de febrero de 1981, el príncipe invitó a Diana a cenar en el castillo de Windsor, invitación que fue aceptada.

Puedo imaginar la ansiedad de Diana debatiéndose en las numerosas posibilidades que surgirían, o no, durante la velada. Pero, lo que seguramente no se le pasó por la cabeza en ningún momento es que ese hombre a quién aún llamaba «señor» cada vez que lo veía, y lo veía bien poco, la esperaría con todo un arsenal de halagos. Carlos había preparado una cena a la luz de las velas y había predispuesto todo con un romanticismo muy evidente, muy en consonancia con la personalidad de Diana, y con un propósito muy claro. Obviamente, consiguió sorprenderla, más aún cuando antes de terminar la cena el príncipe formuló la gran pregunta. Diana no respondió rápida, se puso nerviosa, le dio la risa y, finalmente aceptó.

El anillo llegó unos días más tarde. En este asunto no hubo sorpresas, ni novio arrodillado, ni alianza fabricada en exclusiva para ella. Diana escogió su propio anillo en un catálogo de creaciones de Garrads (en oro blanco de 18 quilates que coronaba un generoso zafiro azul de 12 quilates y lo rodeaban 14 puntas de diamantes, a un coste de 28.000 libras). Fin de la historia.

Vamos a ver. A mí este hecho me desconcierta. Apenas hacía medio año que salían juntos, pero durante esos meses se habían visto unas trece veces, no se habían besado, no se habían abrazado, ella le llamaba señor, él desaparecía del mapa cuando le apetecía y no daba señales hasta que le apetecía. Cuando regresaba no pedía disculpas, no daba ningún tipo de argumento que justificase su ausencia y, para más inri, ella tampoco le pedía ningún tipo de explicación. Diana aceptó todo esto. No sé a usted, pero a mí todo esto me rechina.

Pues bien, con todos estos ingredientes en plena cocción, esa misma noche, la pareja, decidió la fecha de la boda para cinco meses después.

El día 28 de ese mismo mes, el palacio de Buckingham hizo oficial al compromiso y se dirigió al mundo con estas palabras:

«Es con el máximo placer que la reina y el príncipe de Edimburgo anuncian el compromiso de su querido hijo, el príncipe de Gales con Diana Spencer, hija del duque de Spencer y de la honorable señora Shand».

Una nota escueta y directa que acallaba muchas bocas y daba el aire renovado y fresco que necesitaban con urgencia tanto la monarquía como el Gobierno.

Un mes después del anuncio oficial del compromiso, y por petición de la reina, Diana se trasladó a vivir en Clarence House.

Empezaba lo que iba a ser la gran función de fabricar una princesa a modo y semejanza de su nueva familia. Diana llegó a palacio cargada de ilusión y de sueños, pero también, insisto, con una historia personal complicada por la decepción y el miedo a no ser querida. Eso estaba ahí.

Las enseñanzas llegaron a tropel, solo faltaban cuatro meses para la boda, y en medio, la futura princesa de Gales tenía que ir mostrándose poco a poco ante una audiencia que la requería, y debían prepararla a conciencia para los próximos eventos en los que tendría que ir apareciendo. Todo estaba dispuesto y minuciosamente diseñado. Primero, tendría que centrarse en aprender la historia antigua de la monarquía que iba a representar, y al mismo tiempo, memorizar las normas que eran innegociables. Por ejemplo, siempre debía caminar detrás de Carlos, nunca debía dar las manos sin guantes —después lo hizo siempre—, y si esto sucedía, inmediatamente tenía que lavarlas con agua y sal. Cuando estuviera junto a su príncipe no podría llevar tacones, o estos tendrían que ser minúsculos —él medía 2 cm más que ella—, porque no podía sobrepasarle en estatura. Los colores de sus trajes tenían que ser llamativos, a un representante de alto rango de la familia real se le tiene que distinguir.

Diana, también tuvo que aprender a sonreír, a saludar, y a hacer la reverencia adecuada a la reina. Y, muy importante, nunca rivalizar con ninguno de ellos. Esto último es algo que no consiguieron, y por lo que, sin duda, fue penalizada dentro de la familia. A ellos había que tratarles, y esto es textual, créame, como estrellas de cine. No podían poner a dos estrellas juntas en el mismo escenario, pero ocurrió.

Y, mientras todo esto sucedía, Diana comenzó a sentirse vulnerable. La ilusión se fue transformando rápidamente en una necesidad, con grandes dosis de miedo, de ser perfecta. Y, sus dificultades para adaptarse a palacio comenzaron a evidenciarse.

En el otro lado de la ecuación se encontraba Carlos, el novio. Un hombre que había asumido un compromiso forzado con una mujer virgen, porque así se lo habían mandado, de quién, quizá, tal vez, a lo mejor, podría enamorarse. Y, que en lugar de estar junto a su futura princesa para que asumiese las nuevas responsabilidades de forma más sosegada y apoyarla, se entretuvo en su propio lamento en una larguísima despedida con la mujer que amaba, Camila, la no virgen.

La boda

La noche antes de la boda, la última como solteros para Carlos y Diana, la pasaron separados y de forma muy distinta.

Diana cenaba sola cuando el mayordomo la interrumpió para entregarle un paquete de parte del príncipe. Era un anillo que había sido grabado con el sello personal del príncipe de Gales, y una tarjeta que lo acompañaba y decía: «Estoy orgulloso de ti y te estaré esperando mañana en el altar cuando avances hacia mí en la Iglesia. Mírales a los ojos y verán que eres maravillosa».

Ese detalle hizo calmar el ánimo impaciente de la novia. Aunque, años después, Diana dijo que la noche antes se sintió muy mal «como un cordero a punto de ser degollado», y de haber sabido lo que estaba haciendo su novio posiblemente hubiese sido así. No obstante, Diana se fue a dormir ilusionada porque amaneciera rápido y todos sus sueños puestos en ese día se hiciesen realidad.

> *«Estoy orgulloso de ti y te estaré esperando mañana en el altar cuando avances hacia mí en la Iglesia. Mírales a los ojos y verán que eres maravillosa»*

Y, Carlos, después de enviar el anillo vía mayordomo, se fue a pasar su última noche —es posible que en ese momento así lo creyera—, con Camila. Hubo nostalgia, arrumacos, abrazos y también regalos. Él le regaló a la amante un brazalete y ella le correspondió con unos gemelos. Después, se despidieron.

Así, amaneció y llegó el día tan señalado, el día de la boda real. El primero en llegar a la Iglesia fue el padre de la novia que por sorpresa, y escrito en mano, se acercó a una de las cámaras de la prensa y dijo que deseaba decir algo: «Me gustaría decir unas palabras. La familia Spencer, a través de los siglos, luchó por su rey y por su patria. Hoy, Diana hará la promesa más solemne de dedicar el resto de sus días al servicio del país. Con lo que seguirá la tradición de sus antepasados y lo hará con el hombre que ama a su lado».

Visiblemente orgulloso por el enlace, el conde Spencer, entregaba así a su hija junto al hombre al que amaba. No sé qué pensaría sobre esto unos años después.

Así, llegó el momento más esperado por los setecientos cincuenta millones de personas que estaban siguiendo los preludios del enlace, la llegada de la novia. Como en el cuento de la Cenicienta, Diana se bajó de la carroza de cristal en las puertas de la Catedral de San Pablo, y el mundo entero pudo ver por primera vez su espectacular vestido de novia al puro estilo victoriano. El traje, había sido diseñado por David y Elizabeth Emanuel, confeccionado en seda de tafetán sobe la que habían cosido diez mil perlas cultivadas y madreperlas rodeadas por un cordón de marfil que había pertenecido a la reina María, bisabuela de su futuro marido. Aunque, lo más espectacular de su atuendo, lo que realmente acaparó todas las miradas, fueron los 7,62 metros de cola y el velo de encaje que pasaba de los 8 metros, y que se había fijado sobre su pelo a una tiara de oro blanco con brillantes, herencia de los Spencer. En su mano, Diana, sostenía un fastuoso ramo de orquídeas, gardenias y lirios blancos del valle (sus preferidos), confeccionado por duplicado por la florista Doris Wellham, (se hicieron dos por si surgía algún inconveniente).

CURIOSIDADES
DEL VESTIDO DE NOVIA

—El vestido fue una obra de arte fabricada por los diseñadores David y Elizabeth Emanuel.

—La cola de su vestido medía 7,62 metros

—El velo se fabricó con una pieza de 140 metros de tul y su conjunto casi no cabía en el carruaje, algo que no se tuvo en cuenta

—En la etiqueta del vestido el diseñador escondió una pieza de oro de 18 kilates. Fue su detalle para desearle suerte, y se trató de una herradura de oro de 18 quilates rodeada de diamantes que llevó cosida en su interior, junto a la etiqueta.

—Encaje de la reina María llamado *carrickmacross*

—Zapatos, diseño de Clive Shilton, eran de seda y estaban cubiertos con 132 perlas, 542 lentejuelas, y tenían una «C» y una «D» rodeadas por un corazón. Las suelas fueron pintadas a mano, y se tardó 6 meses en fabricarlos.

—Los zapatos no llevaban tacón. No podía ser más alta que su novio.

—Diana perdió mucho peso desde el mes de febrero en el que se anunció el compromiso hasta el mes de julio en el que se celebró la boda, por lo que es vestido hubo que arreglarlo para que se adaptase a su nueva silueta.

—Diana también quiso seguir la tradición de la novias y llevar algo viejo, algo nuevo, algo prestado y algo azul: Su algo viejo fue el encaje de la reina maría, de azul llevó un pequeño lazo cosido en la cintura de su vestido, como algo nuevo lució la seda de su vestido, y de prestado llevó la tiara de la familia Spencer.

Bajo los acordes escogidos Diana entró del brazo de su padre y los novios se juntaron en el altar. Al llegar, Carlos le dijo: «Estás maravillosa», y ella le respondió: «Maravillosa para ti». Después se dijeron los votos nupciales:

«Yo, Diana Frances, te acepto a ti Carlos Felipe Arturo José por esposo, y prometo serte fiel desde este día, según la ley de Dios».
«Yo, Carlos Felipe, te tomo a ti, Diana Frances como mi esposa en nupcias para poseerte de hoy en adelante, según la ley de Dios».

A ver. Esto lo he dicho siempre que he tenido la oportunidad, de hecho lo he escrito en mis otros libros también, y no es mi intención la de sacarle punta a esto, pero el hecho de que Diana le prometa fidelidad y Carlos quiera poseerla, sigo sin verlo claro.

En fin, los novios se dijeron el «sí quiero», y se intercambiaron las alianzas elaboradas con una pepita de oro galés que le habían regalado años atrás a la reina madre para su propio anillo de bodas, y que también fue utilizada para confeccionar el de la reina Isabel.

El mundo ya tenía su cuento de hadas.

Al salir de la Catedral, Carlos y Diana, ya como marido y mujer, subieron a la carroza real y fueron escoltados por veinticinco oficiales del regimiento de la caballería de élite de la reina, y se dirigieron a la celebración del banquete de bodas que iba a tener lugar en palacio.

Lo mejor del evento fueron los ciento diez kilos repartidos en metro y medio de tarta que sumaron cinco pisos y que habían sido elaborados tras la maceración de la masa en distintos licores durante tres meses, a lo que tuvieron que añadir tres meses más para su preparación. Como curiosidad decirle que la boda costó aproximadamente un millón de libras y que además del pastel principal hubo hasta veintisiete pasteles de boda.

Radiografía del matrimonio

Las expectativas que Diana puso en su luna de miel se truncaron desde el principio. La princesa idealizó su viaje de novios con escenas románticas en todos los

sentidos. Ella misma dijo «Tenía muchas esperanzas que quedaron destruidas el segundo día; mi esposo llevó seis libros de Lauren Van Der Post para leer antes de dormir, así que en cada comida que nos dejaban estar solos, él me hablaba de ellos».

Lo que pienso es que Diana visualizó sus instantes de intimidad con grandes dosis de amor; palabras de amor, velas, confesiones llenas de ternura, encuentros apasionados, y más amor todavía. Y, la realidad fue muy decepcionante para ella. Se desilusionó, y vivió todos los momentos con grandes dosis de soledad y temor a que no la quisiera. Carlos, por su parte, lo vivió de forma distinta. El príncipe continuó sus costumbres ya establecidas, y posiblemente lo hubiese hecho igual aunque la novia hubiera sido Camila. Para él no era una cuestión de amor, sino, de rutina, y quiso, o pensó, que Diana ya formaría en adelante parte de esa vida cotidiana. Para él era normal compartir con su mujer sus gustos por la filosofía y por la lectura, quería introducir a Diana en su ocio. Diana no se dejó porque para ella eso era una señal de desamor, y su miedo a que hablase de su amigo y escritor Van der Post, para ella era una señal inequívoca de desamor. Tal vez, si ella le hubiese hablado de sus propios gustos, de sus hobbies y preferencias, hubiese sido posible iniciar una conexión con los puntos comunes, pero no lo hizo. No le informó de su pasión por nadar, de que le gustaba la comida italiana, el ballet; nada de eso. Carlos, por el contrario, le dijo lo mucho que le gustaba la caza, un ocio que, desde luego no compartían. Pero, también le habló de su pasión por la jardinería y por la pintura. Tampoco hubo sintonía en esto. En lo único que hasta el momento disfrutaban en compañía mutua era de los largos paseos por el campo, sobre todo por los alrededores de Highgrove, la casa en la que iban a residir durante sus primeros años de casados. Sin embargo, en poco tiempo, Diana empezó a detestar vivir en esa casa. Dejó de caminar junto a su marido.

Tengo que decir, si es verdad o no es otro cantar, que los amigos del príncipe me insistieron en que al principio

del matrimonio Carlos deseaba hacer feliz a su esposa, y que intentó buscar la forma de satisfacerla. Pero también me contaron que la princesa requería constantemente la presencia de su marido y que llegó un punto en que esa querencia empezó a ser muy preocupante para todos. Si bien, continuaron diciéndome, que a él lo vieron feliz los primeros meses después de su matrimonio. Sobre todo, cuando nació Guillermo. Me dicen que ese día Carlos llegó al hospital con un espectacular collar de Diamantes con un corazón para regalarle a su esposa. Pero Diana, era como si no consiguiera ser feliz por completo.

Carlos no supo ver los mensajes de auxilio ocultos en el comportamiento de su esposa, y esto hizo que el carácter de ella se volviese cada vez más abrumador; con exigencias, amenazas de suicidio y desconfianza. A él le parecía que si cedía estaría eternamente chantajeado, pero ella no lo veía así. Para Diana era una clara señal de abandono. Así empezó la ruina de su matrimonio.

Y, mientras todo esto sucedía de las puertas de palacio hacia adentro, en el exterior, la pareja era cada vez más popular y aclamada. Sobre todo, ella. Esto lejos de ser algo bueno, se sumó a lo negativo de la relación, porque Carlos estaba acostumbrado a ser el centro, a acaparar toda la tención —no olvide que palacio se ocupó de que fuese así—, y Diana se la estaba robando. El repentino éxito mediático de la princesa pilló desprevenido a Carlos y su narcisismo no pudo soportarlo. Nacieron los celos.

Dos años después del nacimiento de Guillermo, llegó el del príncipe Enrique. Esta vez no hubo regalos del marido, ni corazones, ni siquiera su presencia porque se fue a jugar al polo en cuanto Diana dio a luz, y para entonces la relación entre el matrimonio estaba casi desintegrada. Aún más cuando Carlos bromeó ante la prensa sobre el pelo rojo del recién nacido aludiendo a que había salido a los Spencer. Para Diana el comentario fue catastrófico y dijo a sus amigos que algo murió en ella ese día.

Desde entonces, todo empeoró a pasos agigantados, aunque el punto de inflexión, el que marcó el final, sucedió el día que regresaron de un viaje oficial a Portugal y el príncipe se trasladó a otra habitación. Diana supo que su vida conyugal había muerto para siempre. Su matrimonio también. Camila había vuelto a su vida, y esta vez no se marcharía.

Comenzó la venganza.

Sin duda, la venganza de Diana fueron los medios de comunicación. Es bueno recordar que una de las primeras
enseñanzas para convertirse en princesa pasaba por no
hacer sombra a su marido. Diana preparó su estrategia
y les dio donde más les podía doler: lanzando su imagen
pública a nivel global. Y no es que Diana fuese una princesa impopular, ni mucho menos. Más bien todo lo contrario. Diana sabía que si ella movía un dedo una legión
de periodistas la seguiría y su mensaje daría la vuelta
al mundo. Fue entonces cuando la princesa comenzó a
colaborar con un gran número de organizaciones benéficas y a acaparar portadas y titulares.

Con esto, la ruptura privada ya se había consu-
mado, pero en la pública ninguno de los dos quería ceder y, ese, fue uno de los grandes motivos por
los cuales la pareja se hizo tanto daño hacia el final
de su matrimonio. Diana había construido un océa-
no inmenso entre los dos. Carlos, ese hombre egoísta y tranquilo se iba haciendo pequeñito a los ojos del
mundo y bajo su perspectiva ya nada les conectaba.
Ni siquiera esa conveniencia que les había unido. Diana
ya no era adecuada.

Cada día que pasaba, la princesa se hacía más popular, y algo me dice que no lo hacía solo por ella, sino por
un intento a la desesperada de doblegar a su marido, de
darle celos. Diana sabía el interés mediático que despertaba y lo utilizaba. Ese era su gran poder. Pero, su gran

interés estaba puesto en el regreso de su marido loco de amor por ella.

Y, mientras estos vaivenes emocionales sucedían, la vida continuaba pasando como en una película. Tenían vidas separadas, pero ambos hacían el paripé cuando la situación requería que se les viese juntos en público. Romper el matrimonio, es decir, el divorcio, era considerado un varapalo para la institución y había que evitarlo a toda costa. Ese contexto fue aceptado por ambas partes, solo que a él, que había sido entrenado para ello, le costaba mucho menos aparentar que a Diana. Y, en medio de todo esto estaba Camila, la mujer que nunca le ponía problemas; la amiga, la compañera, la amante, la otra.

Entonces, Diana dio una vuelta de tuerca más a su venganza. Habló con su amigo, el doctor James Coldherst y le expresó su necesidad de que todo lo el mundo supiera lo que estaba pasando. Para ella había llegado el momento de desahogarse, pero no sabía como hacerlo. Coldherst, estuvo de acuerdo en que había que contarlo, y le aconsejó explicar su historia a través de un intermediario que podría escribir un libro: Andrew Morton.

Diana grabó seis cintas para Morton. En ellas se sinceró sobre su infancia, la bulimia. La infidelidad extraconyugal de su marido, de lo incomprendida que era dentro de esa familia.

Unos meses más tarde, el libro se publicó en medio de una gran agitación popular, y también de palacio. Diana había aireado los temas íntimos de su vida y eso, en gran parte, cambió su vida.

Pero aún hay más. Pocos meses después, cuando los rumores parecían estar censando, se filtra a la prensa una conversación íntima entre Carlos y Camila. La farsa ya no se sostenía. La separación de los príncipes de Gales fue inminente.

«El palacio de Buckingham anuncia, con pesar, que el príncipe y la princesa de Gales han decidido separarse».

Con estas palabras encabezaba John Mayor, primer ministro británico, el comunicado que leyó ante la Cámara de los Comunes, insistiendo en que no se trataba de un divorcio, sino de un alejamiento «amistoso», y que desde ese momentos, ambos continuarían con sus agendas por separado.

Obviamente, el anuncio fue un simple trámite burocrático porque los príncipes llevaban mucho tiempo llevando vidas separadas, incluso, viviendo en casas distintas. Mientras Diana se había quedado en el apartamento de Kensington donde había residido la pareja, Carlos se trasladó a su casa de Highgrove. Y, si se le reclamaba para algún evento oficial en Londres, se quedaba en el palacio de Clarence, residencia oficial de la reina madre.

En cualquier caso, las cosas no mejoraron en adelante. En 1994, se emite un documental en televisión donde Carlos admite su infidelidad con Camila y habla abiertamente de su matrimonio con el calificativo de que fue

La Princesa de Gales con el famoso vestido negro conocido como «vestido de la venganza», un diseño creado por Christina Stamboulian, en gasa plisada, con panel lateral flotante, durante una fiesta dada en la Serpentine Gallery de Londres en 1996.

un fracaso. Esa misma noche, Diana tenía un evento en la Serpentine Gallery, y los medios estaban ansiosos por saber si acudiría o andaba llorando y escondida en algún rincón para que nadie la viera. Pero Diana apareció radiante vistiendo un maravilloso vestido negro creado por Cristina Stamboulian, y con una gran sonrisa. Diana y su vestido de la venganza.

Pero aún vendría más. Un año después de esta escena, Diana apareció en televisión junto a Martin Bashir a quien le había concedido una entrevista para el programa Panorama sin que nadie se hubiese enterado de sus intenciones. La princesa habló de su depresión, de sus intentos de suicidio, y nuevamente de la infidelidad de su marido con Camila «Somos tres en mi matrimonio» y, dejando al mundo paralizado, también confesó su propia infidelidad con James Hewitt.

El escándalo estaba servido.

Sin duda, la entrevista fue un punto de inflexión para la casa real, y la reina que había que poner fin a esa situación absurda de achaques mutuos. La separación ya no era una solución, y reunió a la pareja para expresarles su «deseo de un divorcio rápido». Carlos aceptó las ordenes con alegría. Diana no. Ella intentaba agitar los sentimientos de su marido, esperaba un milagro, pero no de ese tipo.

El acuerdo de divorcio se firmó en agosto de 1996, y se hizo por real decreto, en el que Diana perdía su estatus de S.A.R (su alteza real), pero continuaba siendo princesa de Gales.

Los amantes de la princesa

En esa famosa entrevista para la *BBC* de la que ya he hablado en paginas anteriores, Diana habló del amor romántico, de su manera de querer. La conclusión no era otra que su necesidad imperiosa de ser amada, y que la llevó a comenzar nuevas relaciones en busca de su deseado objetivo. Relaciones que siempre idealizaba y donde enaltecía al amante, creando en ella una estabilidad aún mayor y marcando mucho más su fuerte dependencia emocional.

Los amantes de la princesa Diana llegaron a su vida cuando su matrimonio hacía aguas, y siempre fueron un objetivo de salvación para ella.

El deterioro de su relación conyugal fue para Diana una experiencia repleta de frustración y dolor, en la que una vez más era abandona. Una vez más la escogida era otra y no ella. Y, esta vez aún más peligroso, porque había sido abandona y además era público.

Esa situación tan repetida y abrumadora para ella provocó que su modo de amar quedase afectado y, a mi parecer, construyera imágenes idealizadas que en absoluto tenían que ver con la realidad, sino, más bien, de cómo a ella le hubiera gustado que fueran. Cada vez estoy más convencida de que la princesa se quedó enganchada al desafecto de sus padres, no sanó esa herida, y esa actitud la transformó, la convirtió, de algún modo, en una persona desbordada por el miedo, incluso, con una necesidad aparente de venganza.

—**BARRY MANNAKEE:** Fue su primer amante. Mannakee fue su guardaespaldas desde 1985, justo en el momento más conflictivo de su matrimonio. El romance llegó a oídos de palacio, y fue alejado de la vida de Diana. En 1987, Mannakee falleció en un accidente de coche.

—**JAMES HEWITT:** El amante reconocido por la princesa Diana en la famosa entrevista a la *BBC*, era el capitán de un regimiento de la caballería de la casa real. A petición de la princesa, también fue su profesor particular de equitación. En ese momento, iniciarían una relación amorosa que tendría lugar en Kensington Palace, en Highgrove (la casa de campo de Carlos, que decoró Diana), y en la casa de la madre de Hewitt, en Devon. El romance finalizó en 1991.

—**JAMES GILBEY:** Empresario de la automoción. La princesa inició su romance con él en 1989. Su relación se vio envuelta en un escándalo bautizado como el Squidgygay, que dio a conocer, a través de unas grabaciones telefónicas secretas, sus conversaciones privadas, poniendo de manifiesto que los espías de palacio estaban al acecho.

—**OLIVER HOARE:** Empresario de arte islámico, casado y con dos hijos, fue el amante de la princesa en los preludios de su separación con el príncipe de Gales. Hoare hizo de intermediario entre los príncipes cuando aún había esperanzas de reconciliación entre ellos. Sin embargo, Diana se enamoró de él e incluso llegó a hablarle de matrimonio. No obstante, Hoare le aclaró que nunca dejaría a su mujer, provocando en Diana una recaída emocional que la llevó a obsesionarse con él, al punto de llamarle compulsiva y obsesivamente. En este caso, fue la esposa de Hoare quien puso de manifiesto el acoso en el despacho de Scotland Yard para finiquitar esa incómoda situación.

—**WILL CARLING:** Famoso jugador de rugby, casado, a quién Diana conoció en 1994, en el Chelsea Harbour Club. Utilizando la misma técnica que manipuló con Hewitt, también le pidió entrenamiento. De nuevo, otro escándalo cuando su esposa le pidió el divorcio.

—**HASNAT KHAN:** Uno de los hombres más importantes en la vida de Diana. En 1995, la princesa conoció a este cirujano, musulmán y paquistaní, en el Royal Brompton Hospital, cuando visitaba al marido de su acupunturista. Con Hasnat, Diana vivió su primera fantasía de vida en común. Pensó que ese médico tan sobresaliente iba a salvarla de todo su sufrimiento, y a llevarla a algún sitio lejano donde pudieran vivir su historia de amor. Diana se tomó muy en serio la relación con Khan, estudió el Corán, se interesó por el Islam —incluso tomó lecciones—, visitó a sus amigos, a su familia... Diana se enamoró perdidamente de Hasnat y él de ella. Fue un amor sincero. Sin embargo, el médico no soportaba la atención mediática y cortó la relación a principios de 1997.

—**DODI AL FAYED:** Hijo de Mohamed Al Fayed, productor y empresario. Con Dodi, la princesa inició una relación en el verano de 1997, aunque ya se conocían de antes. La chispa debió sorprender a la pareja, que aceleró sus planes de vida en común. Sin embargo, el 31 de agosto de ese mismo año, ambos perderían la vida en el túnel d'Alma de París.

James Hewitt fue el amor confeso por Diana durante la entrevista televisada para el programa Panorama de la *BBC*.

El mundo entero se quedó pasmado con todas sus declaraciones, pero lo que ni por asomo se esperaba era que confesara su infidelidad con quién había sido su guardaespaldas. Ni siquiera el amante.

Conocí a Hewitt en el año 2005. De hecho, fui la editora de su libro, y lo traje a España, concretamente a Madrid, para que hiciera su promoción. En aquellos días yo estaba inmersa en una investigación sobre la muerte de la princesa en París, en la que llevaba invertido mucho tiempo, y que dio cómo resultado dos de mis libros, Diana de Gales, me van a asesinar y Diana, réquiem por una mentira.

James Hewitt en Madrid, en la presentación del libro J. Hewitt y Diana de Gales: nuestro amor prohibido, *editado por Arcopress.*

El James Hewitt que yo conocí llegó al bar del hotel madrileño dónde nos habíamos citado con la evidente puntualidad británica. Se presentó muy cortés besándome la mano, y se quitó el sobrero y abrigo negro que le cubría. Rubio, alto, y de exquisitos modales. Todo un gentleman que no pasaba desapercibido.

Hewitt y yo pasamos buenos ratos hablando sobre ella y sus vivencias con Diana fueron de gran valor para conocerla mucho más allá del espectáculo mediático. Me contó la necesidad abrumadora que tenía la princesa

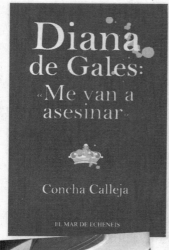

de mantener un contacto incesante con él, el deseo mordaz de saber qué estaba haciendo en cada momento del día, y la urgencia continua por verle. Era una necesidad voraz por saber si la quería, y que la llevaba a enviarle mensajes o llamarle por teléfono numerosas veces al día. Me dio la impresión de que Hewitt era sincero, de que no estaba inventando una historia. De hecho, le hice muchísimas preguntas incómodas que no respondió, como era la de los incesantes rumores de paternidad que se fijaban en el príncipe Enrique, segundo hijo de Diana, y que en muchas tertulias de sobremesa lo apuntaban a él como su padre biológico. En este caso, ni confirmó ni negó. Se unió a la saga política del despiste, y divagó hasta que llevó el tema de vuelta a la princesa respondiendo a todo lo demás con mucho afecto hacia Diana y, sobre todo, mucha caballerosidad.

Unos años más tarde me han dicho que Hewitt había contado ciertas cosas, algunas verdad y otras no, que no dejaban en buen lugar a Diana, pero ese Hewitt no es el que yo conocí, se lo aseguro. Insisto de que en ese momento Hewitt respetaba a la mujer que cambió su vida para siempre el día que informó a todo el planeta que ella también había sido infiel a su marido y que el elegido había sido su guardaespaldas James Hewitt.

Así me contó cómo lo vivió él

«Estaba a punto de cenar en casa, junto a mi madre y algunos familiares. Todos estábamos atentos a la televisión, ya que sabíamos que Diana aparecería dando una entrevista en la *BBC*. Yo estaba nervioso, pero simplemente por ella. Ya hacía muchos años que estábamos juntos y sufría por su estado de ánimo. En ese momento, no tenía ni idea de que confesaría nuestra relación, por lo que mi ansiedad no provenía de esa preocupación. De pronto, mientras escuchábamos atentos su testimonio y cómo hablaba de la infidelidad de su marido, mencionó la suya y dijo mi nombre. En mi casa nadie pronunció una sola palabra. Yo me levanté y me dirigí a mi habitación, echándome sobre la cama con los ojos cerrados y pensando en las repercusiones que ello tendría en mi vida. De pronto, aun permaneciendo con los ojos cerrados, percibí destellos en el dormitorio que venían directamente desde el jardín. Entonces me incorporé y

La autora, Concha Calleja, con James Hewitt.

miré por la ventana. La escena fue dantesca. Centenares de periodistas se habían agolpado en mi césped, incluso un helicóptero. Cerré las ventanas y dije a mi familia que nadie abriera la puerta. Al día siguiente, me fui de Londres».

Diana supo enseguida que esa entrevista sería el final real de su matrimonio. Y así fue. Aunque, es posible que antes de dar sus declaraciones no midiera las tremendas consecuencias que tendría para ella. Es posible que se dejase llevar con el pensamiento único de informar a su marido que alguien la deseaba. Diana intentaba provocar al marido infiel, no obtener el divorcio. Calibró mal el posible resultado y no tuvo en cuenta que la reina tomaría cartas en el asunto. Volvemos a lo mismo. Diana no hizo el duelo por el matrimonio que había muerto, de la misma manera que tampoco lo hizo cuando dejó atrás su familia y rápido inició una relación con el príncipe. Sus consecuencias eran evidentes; atraer junto a ella a personas que volverían a hacerle daño. Así llegaron a su vida otros hombres como James Hewitt: Barry Mannakee, James Gilbey, Oliver Hoare, Will Carling, Theodore Forstmann, Hasnat Khan y Dodi Al Fayed.

Los miedos de la princesa Diana

Diana tenía miedo de morir asesinada. Y ese miedo que sentía no era inventado. A estas alturas todos conocemos la carta que Diana dejó escrita en 1996, y que entregó para su custodia a quien había sido su mayordomo, Paul Burrell, con la intención de que la entregase a las autoridades si algún día tenía un «accidente».

En las primeras investigaciones (francesa e inglesa) que se realizaron después de su muerte, este documento no se tuvo en cuenta de forma deliberada. Curioso. Sin embargo, en la investigación judicial que se hace en Londres en el año 2007 la carta fue aceptada e incluida dentro del informe oficial.

Aquí le dejo el documento que fue publicado en 2003 por el *Daily Mirrow*, en el que verá que suprimen el nombre que Diana cita expresamente en su misiva, y que podrá usted leer en la transcripción que sigue, ya que en la vista judicial se aportó como prueba.

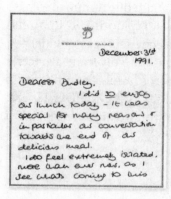

Traducción de la carta manuscrita de la princesa Diana

«Esto aquí sentada en mi mesa, en octubre, anhelando a alguien que me abrace y me de fuerzas para mantenerme fuerte y con la cabeza bien alta. Esta etapa particular en mi vida es la más peligrosa... mi marido está planeando "un accidente" con mi coche. Una avería en los frenos y graves heridas en la cabeza, para así dejar el camino libre para que Carlos se case».

Esta carta manuscrita por Diana fue el principal motivo por el que se requirió interrogar al príncipe de Gales, un hecho insólito y poco conocido.

El interrogatorio se realizó en la residencia de Clarence House y duró varias horas. Lord Stevens, el juez encargado de la investigación, le preguntó a S.A.R por el contenido de la carta. El príncipe de Gales declaró que nunca había visto ese documento hasta que salió publicado, y que no tenía idea de por qué la princesa de Gales había escrito eso. También le dijo al juez que Diana nunca le había expresado tener ningún tipo de miedo.

Esto último me resulta llamativo porque Diana hizo partícipe de sus miedos a muchos de sus amigos. Aquí le dejo un recuadro con algunos apuntes interesantes al respecto.

DIANA SE SIENTE AMENAZADA DE MUERTE

—1987 Barry Mannakee, Responsable de la protección personal del Servicio de Policía Metropolitana, también fue el primer amante de Diana. Mannakee falleció en un accidente de motocicleta. Diana siempre pensó que el accidente había sido provocado.

—1990, James Hewitt, Miembro de la Guardia Real, y el amante que Diana confesó en el programa de televisión Panorama, que tuvo desde 1986, dijo haber recibido amenazas durante ese tiempo. Estas amenazas consistían en llamadas de voz masculina que le decía «no vuelvas a ver a la Princesa Diana». El *Daily Mail*, del 11 de septiembre de 2004, ampliaba el mensaje de la amenaza diciendo «no vuelvas a ver a la Princesa de Gales, o sufrirás el mismo destino de Barry Mannakee.

—1992 Peter Settelen, actor, fue el profesor de dicción de Diana. Grabó 20 cintas de 45 minutos cada una —14 se perdieron—, como parte del proceso de aprendizaje. La *NBC* transmitió una parte en la que Diana hablaba sobre Barry «Todo fue descubierto y se le tiraron encima. Entonces él fue asesinado»

—1993 Diana retira voluntariamente la protección personal. Como el jefe de seguridad es el mismo que el del Príncipe de Gales, piensa que le informan a éste de todas sus actividades.

—1993 La Princesa hace testamento, dejando claro que si fallece ella antes que su marido, desea que en la educación de sus hijos intervenga su madre y su hermano.

—1994 Diana solicitó los servicios de Grahame Harding (dueño de una empresa de electrónica y seguridad), en el palacio de Kensington. Le dijo que era objeto de espionaje, y que creía que estaban escuchando sus conversaciones telefónicas. Mientras Harding realizó el barrido de dispositivos de escuchas, el equipo detectó un posible micrófono oculto que podía estar presente tras la pared de su dormitorio. Harding no pudo acceder a esa pared que no pertenecía a su apartamento. Dos días después, la señal había desaparecido. Le aconsejó cambiar el teléfono móvil a menudo, y no utilizar el teléfono fijo.

—1995 Un incidente en el coche que conducía, al que le fallaron los frenos, como resultado de una posible manipulación, le hace acudir al despacho de Lord Mishcon, su representante legal. En la reunión. Diana le explicó el temor que sentía por su seguridad, incluyendo la posibilidad de que le provocaran un accidente con su coche. Lord Mishcon, redactó un documento con sus sospechas, que a su muerte entregó al comisionado de la Policía Metropolitana de Londres.

—1995 Diana le confió varias sospechas a su amigo Roberto Devorik, con quién colaboraba en diferentes organizaciones benéficas.

—Hasnat Khan, testificó en el juicio de 2007 que Diana sufrió un incidente con su Audi al que le fallaron los frenos, y que en marzo de 1996 también se vio envuelta en un accidente automovilístico en Londres.

—1996, en el mes de octubre Diana escribe una carta manuscrita en la que dice que está en una etapa peligrosa y que teme por su vida. La carta fue publicada en el año 2007, y admitida en el informe de investigación.

—1997, la princesa habló abiertamente a Mohamed Al Fayed de la angustia personal que sentía sobre su seguridad personal.

Obvio que durante el juicio no faltó quien dijese que Diana era susceptible y muy frágil. Bueno, eso ya lo sabemos, pero que el 31 de agosto de 1997, Diana Spencer, princesa de Gales, falleciese en un «accidente» de coche en París, resulta, cuanto menos, alarmante.

Tal vez por eso el juez Stevens no pudo rodear más la gran pregunta que tenía que hacer a S.A.R y finalmente la pronunció: ¿Usted planificó asesinar a su esposa? La respuesta fue rápida, no. Fin del interrogatorio.

Una figura importante aquí es la del abogado de la princesa Diana, Lord Mishcon (ahora fallecido). En

Barry Mannakee con la princesa Diana en una visita a Aberdeen en octubre de 1983.

cuanto ella empezó a percibir el peligro y a recibir continuadas amenazas de las que muy poco se ha hablado, se puso en contacto con él (1995). Diana le explicó el temor que sentía a diario por su seguridad, incluyendo su gran miedo a morir en un accidente de automóvil provocado. También le explicó —esto es en 1995—, que hacía unos días, saliendo de Kensington en su coche, tal y como hacía a menudo, y cuando había recorrido una parte del camino, los frenos dejaron de funcionar.

Mishcon tomó nota de todos los argumentos que Diana le expuso y elaboró un documento en el que también recogía que la princesa le había dicho que fue avisada por fuentes de mucha confianza para ella pero de las que no deseaba que figurara el nombre, de que se desharían de ella, o bien la dejarían tan herida como para que la declararan invalida. Diana le aclaró al abogado de que

Diana's lover: Phone hackers violated me. It's terrible… it feels as if I've been robbed

■ Hasnat Khan demands investigation after Scotland Yard tells him his mobile number was found by hacking detectives

■ Princess's 'Mr Wonderful' dismisses biography's claims that Charles stopped seeing Camilla as 'rewriting history'

■ The first Diana heard about Charles's proposal was from Camilla. Princess said: 'Why did this woman know before me?'

How I'm making Diana's hospital dream come true

El doctor Hasnat Khan en una entrevista concedida al **Daily Mail.**

todo esto lo harían en un accidente de coche, como un fallo en los frenos, o por otros medios.

La cuestión es que el asesor jurídico de la princesa se quedó tan impactado por su confesión que decidió, además de preparar el informe con su declaración, hablar directamente con el secretario privado de Diana, Patrick Jephson. Lo cierto, es que en este punto me hago la pregunta, no se usted, de si el letrado no estaba sujeto al secreto profesional. De ser así, y yo así lo creo, el movimiento que hizo fue ilegal y desafortunado. No se dijo nada de esto.

El caso, es que Jephson, le respondió al abogado que de todo lo que le había contado la princesa en relación a sus miedos y amenazas, no se creyera nada. Al parecer, el abogado tomó buena cuenta del consejo del secretario y guardó el documento firmado, y sellado, en un cajón hasta el día 18 de septiembre de 1997, tras la muerte de la princesa en París. Deduzco que cuando Mishcon vio el desenlace de la princesa y el medio por el que se había producido tuvo que sufrir, como poco, un gran remordimiento.

Y, fue entonces cuando el letrado se reunió con el comisionado sir Paul Condon (ahora es lord) y con David Veness (ahora *sir*), subcomisionado de Operaciones Especializadas en la Policía Metropolitana, y les entregó la nota. En ese mismo momento se dio lectura del documento y se adjuntó otro en el que Lord Mishcon declaraba que actuaba a título privado y no en nombre de la familia real. Estos documentos se tuvieron en cuenta en la Operación Paget, la investigación judicial que dio paso al juicio.

Como también es importante añadir aquí que en ese mismo documento, el informe Paget, que reunió miles de páginas, también se incluyeron otras mil de datos y documentos que fueron presentados formalmente por Mohamed Al Fayed a Scotland Yard con su investigación privada y que fueron el germen de que se abriera un juicio con jurado para esclarecer si hubo conspiración para asesinar a la princesa Diana.

Mohamed Al Fayed, padre de Dodi Al Fayed, el hombre que murió junto a ella y al chófer del Mercedes, Henry Paul, es una pieza clave en este puzzle para encajar los miedos de la princesa Diana. Él estuvo con ella el último verano y posiblemente fue al último a quien le habló de sus temores. Le digo que hasta que hablé con él

La autora y Mohamed Al Fayed durante su entrevista en sus oficinas de los almacenes Harrods, en Londres.

no fui consciente de forma plena del calvario que vivió Diana por el miedo a ser asesinada.

Al Fayed, me recibió en la planta número cinco de los Harrods, donde tenía un apartamento. Tengo que decir que su aspecto era el de un gentleman en todos los sentidos: educado, con un traje y camisa impecables, y unos modales exquisitos. Me invitó a un té, me regaló algunos productos de Harrods y enseguida nos pusimos a hablar de su hijo y de Diana, las numerosas fotografías enmarcadas que tenía repartidas por todo el recinto nos dieron la entrada perfecta para iniciar la charla.

Como bien digo, Al Fayed, me lo puso todo muy fácil y respondió a todas las preguntas de forma directa y rotunda: «ella me lo dijo: "Si me pasa algo a mí, puedes estar seguro de que el príncipe Felipe, ayudado por la inteligencia británica, es el culpable". La inteligencia británica trabajaba mano a mano con la inteligencia francesa. Ambas colaboraban y hacían el trabajo sucio juntas. Si la inteligencia francesa les necesitaba, se ayudaban entre sí. Unían fuerzas...».

No hubo nada en nuestra conversación que fuese trivial ni contenido absurdo para rellenar huecos de tiempo. Todo lo que me dijo fue intenso y sincero. Según continuaba, Al Fayed me expuso que durante las últimas vacaciones que pasaron juntos la princesa le dijo que temía ser asesinada por la familia real, o por los hombres de gris, a los que Diana hacía mención en referencia a las personas que estaban al servicio del stablishment británico. Diana le dijo que su asesinato sucedería probablemente al subir en un helicóptero, un coche o algo así, del que nunca bajaría con vida. También le dijo que le había entregado a Paul Burrell su «cofre del tesoro», donde había dejado pruebas más que suficientes que acreditaban todos sus temores, y que si le pasaba algo podía ponerse en contacto con él.

Este fue el motivo por el que el magnate egipcio siempre sospechó que la muerte de Diana y de su hijo no fue un accidente casual, sino un accidente orquestado. Y, ese es el motivo por el que no escatimó en presupuesto y contrató a los mejores expertos que pudieran investigar la sospecha de un asesinato. Más de tres millones de libras esterlinas le costó reunir la información obtenida por forenses, peritos, ex agentes de inteligencia, y testigos. Esas más de mil páginas con los resultados investigativos y pruebas que como he dicho las puso en manos de Scotland Yard, también las presentó formalmente ante el Tribunal del Distrito de Columbia (Estados Unidos) donde inició otro proceso judicial por el que Al Fayed solicitó ejercer su derecho a obtener documentos de la diferentes agencias de inteligencia americanas que venían investigando a Diana y a Dodi.

Según Al Fayed, obtener esa documentación podía ser relevante para acreditar las sospechas con las que vivió Diana hacia el final de su vida, incluso, esclarecer los hechos de su propia muerte. La Propuesta fue denegada, y también la siguiente y la siguiente.

Pero alguien como Mohamed Al Fayed no se arruga ante la adversidad, y finalmente consiguió que Scotland

Yard no tuviese más opción que investigar las sospechas que él tenía y que culmino en la investigación judicial The operation Paget (Operación Paget), que recogía concretamente 832 páginas y que le costó al gobierno de Tony Blair dos millones de libras esterlinas para que aclarase si hubo o no conspiración para asesinar a la princesa Diana.

Con todo, y como aquí no tratamos el tema de la investigación sobre la muerte de Diana, que ya he dejado plasmada en otros libros, le adelanto que tanto la investigación francesa, que fue la primera, como la británica, concluyen de idéntica manera: negligencia de Henri Paul, el chófer que conducía el Mercedes. Aclaro, eso sí, que aún existen informes guardados en Francia bajo el pretexto de Secreto de Estado, y algunos de ellos no serán liberados hasta el año 2123. Le digo con esto que a medida que se desclasifican documentos más claro dejan éstos que los miedos de la princesa estaban plenamente justificados.

Es más, si las dos investigaciones dieron el mismo resultado, es bueno dejar constancia aquí que en el juicio del año 2007, el jurado dictaminó que su muerte fue un «homicidio involuntario».

Las cintas de video

Aquí percibiremos la angustia de Diana en su plenitud. A la princesa le costaba enfrentarse a los discursos públicos y para perder ese miedo a la audiencia y además mejorar su dicción contrató al actor Peter Settelen.

Settelen le dijo a la princesa que grabaría sus sesiones, de unos cuarenta y cinco minutos cada una, en cintas de video para que pudiese ir comprobando los avances que hacía. Diana estuvo de acuerdo y trabajaron juntos durante catorce meses que dejaron en su haber un total de veinte cintas entre el año 1992 hasta diciembre de 1994. Sospechosamente catorce de ellas se perdieron.

En las sesiones grabadas Diana hablaba de sus sentimientos, de asuntos muy personales como la infidelidad, la bulimia, y la relación íntima con su marido. También habló de sus miedos, y lo hizo con la sinceridad que cualquier persona mostraría con un terapeuta, pero no con un hombre cuya misión era que se sintiese cómoda al hablar en público. A mi este asunto no acaba de cuadrarme. En fin, el hecho es que Diana dejó grabadas confesiones alarmantes. Un ejemplo de ellas es que estaba convencida de que a su guardaespaldas Barry Mannakee, de quien se enamoró en 1987, lo asesinaron. La princesa dijo que Barry era catorce años mayor que ella, que estaba casado y que tenía dos hijos. Confesó que estuvo dispuesta a «dejarlo todo para irse con él».

Pero su relación llegó a oídos del *establishment*, incluida su familia, y Mannakee fue apartado de su puesto e incorporado al cuerpo de protección diplomática. Manakee murió en un sospechoso accidente de tráfico al caer de una moto en la que viajaba con un amigo que resultó ileso, tras chocar con un automóvil. Diana confiesa

en las cintas que «nunca debí haber jugado con fuego… Fue el mayor golpe de mi vida, pero lo hice, y me quemé… La relación se había vuelto difícil… Muchas gente estaba celosa… Todo fue descubierto y se le tiraron encima. Fue asesinado. Él era el mejor amigo que he tenido».

Aproximadamente un año después de haber grabado esas cintas fue cuando Diana empezó a sospechar de quienes ella llamaba los «hombres de traje gris». En un principio pensé que se refería únicamente a quienes se encargaban de su protección personal porque ella desconfiaba del jefe de su seguridad que compartía con su marido, el príncipe de Gales. Pero, cuando me adentré en la investigación de su muerte me di cuenta de que también incluía al servicio de inteligencia y a altos ejecutivos del Gobierno. Lo que venimos llamando el stablisment británico.

El caso, es que ese mismo año 1993 la princesa de Gales redactó su testamento y dejó claras cuáles eran sus últimas voluntades como que quería enterrada, que si fallecía ella antes que su marido deseaba que en la educación de sus hijos interviniese su familia, y también como deseaba que fuesen repartidos sus bienes y activos. En el recuadro le dejo la traducción y el documento.

Testamento de la princesa Diana

(*Texto completo traducido*)

«Yo, Diana, Princesa de Gales del palacio de Kensigton, Londres W8, POR LA PRESENTE REVOCO todos los anteriores testamentos y disposiciones testamentarias hechas por mí. Y DECLARO que este es mi último testamento, que hago el primer día de junio de 1993.

Nombro a mi madre La HONORABLE SEÑORA FRANCES RUTH SHAND KYDD, de Callinesh, Isla de Seil, Oban, Escocia, y al comandante PATRICK DESMOND CHRISTIAN JERMY JEPHSON, del palacio de St. James, Londres SW1, como albaceas y fideicomisarios de este mi testamento.

Deseo ser enterrada.

Si alguno de mis hijos fuera menor de edad en el momento de mi muerte o la de mi marido, NOMBRO a mi madre y a mi hermano el conde Spencer tutores de ese hijo, y expreso el deseo de que si muriera antes que mi marido, él consultará a mi madre en relación con la educación y bienestar de nuestros hijos.

(a) Doy a mis albaceas, conjuntamente, todos mis bienes personales, libres del pago del impuesto de sucesiones (siempre que uno de ellos lo aceptara).

Deseo

Que lleven a efecto tan pronto como sea posible, y no más tarde de dos años después de mi muerte, cualquier escrito o nota con mis deseos en relación con cualquiera de mis bienes.

De acuerdo con dichos deseos, quiero que administren mis bienes (o el balance de los mismo) de acuerdo con la Cláusula 5 de este mi testamento.

De acuerdo con esta cláusula «bienes» tendrá el mismo sentido que recibe la expresión «bienes personales» en el Decreto 1925 de la Administración del Patrimonio (incluyendo cualquiera de los coches que pudiera tener en el momento de mi muerte).

DECLARO que todos los gastos en los que incurra para la guardia, custodia y seguro, con anterioridad a cumplir mis deseos, ya sean de embalaje, transporte, seguros o envío a los respectivos destinatarios de los bienes particulares, deben ser pagados con el patrimonio residual.

En relación con la liquidación de los gastos de mi funeral, gastos de testamentaría, administrativos, deudas y otros pasivos, DOY a mis albaceas y fideicomisarios todas mis propiedades inmobiliarias y activos de cualquier tipo, dondequiera que estén, para que cualquiera de ellos mantenga (si lo consideran conveniente sin ser responsable de su pérdida) todo o parte en el mismo estado en el que se encontraba en

5. SUBJECT to the payment or discharge of my funeral testamentary and administration expenses and debts and other liabilities I GIVE all my property and assets of every kind and wherever situate to my Executors and Trustees Upon trust either to retain (if they think fit without being liable for loss) all or any part in the same state as they are at the time of my death or to sell whatever and wherever they decide with power when they consider it proper to invest trust monies and to vary investments in accordance with the powers contained in the Schedule to this my Will and to hold the same UPON TRUST for such of them my children PRINCE WILLIAM and PRINCE HENRY as are living three months after my death and attain the age of twenty five years if more than one in equal shares PROVIDED THAT if either child of mine dies before me or within three months after my death and leaves issue of that child are living three months after my death and attain the age of twenty one years such issue shall take by substitution if more than one in equal shares per stirpes the share that the deceased child of mine would have taken had he been living three months after my death but so that no issue shall take whose parent is then living and so capable of taking

6. MY EXECUTORS AND TRUSTEES shall have the following powers in addition to all other powers over any share of the Trust Fund

(a) POWER under the Trustee Act 1925 Section 31 to apply income for maintenance and to accumulate surplus income during a minority but as if the words "my Trustees think fit" were substituted in sub-section (1)(i) thereof for the words "may in all the circumstances be reasonable" and as if the proviso at the end of sub-section (1) thereof was omitted

(b) POWER under the Trustee Act 1925 Section 32 to pay or apply capital for advancement or benefit but as if proviso (a) in sub-section (1) thereof stated that "no payment or application shall be made to or for any person which exceeds altogether in amount the whole of the presumptive or vested share or interest of that person in the trust property or other than for the personal benefit of that person or in such manner as to prevent limit or postpone his or her interest in possession in that share or interest"

7. THE statutory and equitable rules of apportionment shall not apply to my Will and all dividends and other payments in the nature of income received by the Trustees shall be treated as income at the date of receipt irrespective of the period for which the dividend or other income is payable

- 2 -

el momento de mi muerte, o para vender cualquier cosa en el momento que ellos decidan con total capacidad, o cuando ellos consideren adecuado invertir los fondos fideicomisarios, y para variar las inversiones de acuerdo con los poderes contenidos en el apéndice de este mi testamento. Y mantener el mismo FIDEICOMISO para mis dos hijos el Príncipe William y el Príncipe Henry siempre que ambos vivan tres meses después de mi muerte y lleguen a la edad de veinticinco años en partes iguales. A CONDICIÓN DE QUE, si uno de mis hijos muriera antes que yo o en los tres meses siguientes a mi muerte, y un hijo de este fuera vivo y hubiera alcanzado la edad de veintiún años, este percibiría la parte proporcional que le correspondería a su padre, o si fueran más de uno, también recibirían esa misma parte proporcional, pero no lo recibirán si su padre tiene capacidad para beneficiarse de ello.

Mis albaceas y fideicomisarios tendrán los siguientes poderes, además de otros poderes sobre cualquier parte del fondo de fideicomiso.

PODER bajo el Acta de Fideicomiso 1925 sección 31 para utilizar las rentas para la pensión alimenticia y para acumular el superávit, pero siendo sustituidas las palabras «mis Fideicomisarios consideren oportuno» en la sub-sección (1) (i) de la misma, por las palabras «pueda ser razonable en todas las circunstancias» y si la condición al final de la sub-sección (1) fuera omitida.

*PODER bajo el Acta de Fideicomiso 1925 sección 32
para pagar o utilizar capital por adelantado para el beneficio personal del fiduciario, pero considerando la condición (a) de la sub-sección (1) de la misma que expone que
«ningún pago ni uso será llevado a cabo por nadie cuando
este pago exceda en cantidad el conjunto de la presun-
ta parte o interés personal de ese fiduciario, también se
podrá producir ese adelanto del fondo para conseguir un
beneficio personal de fiduciario y siempre en tal forma
que eso no conlleve la dilación en la posesión del fondo».*

*Las reglas estatuarias y equitativas de reparto no se
aplicarán a mi testamento y todos los dividendos y otros
pagos de naturaleza de ingreso recibidos por los fideicomisarios serán tratados como ingresos en la fecha de
recepción, con independencia del periodo para el cual el
dividendo u otro ingreso sea pagable.*

*Es mi deseo (pero sin ponerles bajo ninguna obliga-
ción vinculante) que mis albaceas se sirvan del despacho de Mishcon de Reya, 21 Southampton Row, Londres
WC1B5HS, para con-
seguir el certificado de
albaceas y adminis-
trar mi herencia.*

*Cualquier persona
que no viva al menos
tres meses más que yo
se considerará que ha
muerto antes que yo,
con el propósito de es-
tablecer la devolución
de mi herencia los
ingresos de la misma.
Si en cualquier mo-
mento un albacea o
fideicomisario es un
profesional o empre-
sario, pueden*

generarse honorarios de manera ordinaria por cualquier trabajo hecho por esta persona o su empresa, o cualquier compañero o empleado.

Apéndice:
Mis albaceas y fideicomisarios (más adelante nombrados como «mis fideicomisarios»), junto con todos los poderes otorgados a ellos por ley, o como resultado de los términos de este mi testamento, tendrán los siguientes poderes:

(a) Para los propósitos de cualquier distribución de la Cláusula 5 podrán utilizar todo o alguna parte de mis activos residuales sin necesidad de consentimiento por parte de nadie.

Con el fin de poner un valor a cualquiera de estos bienes personales que hayan usado, pueden utilizar el valor que hayan podido dar los tasadores a los que los albaceas instruyeron para los propósitos del Impuesto de Sucesiones a mi muerte, u otro valor que ellos pudieran considerar como justo en su absoluta discreción. Y mis albaceas, respecto a mis bienes personales, siendo estos artículos de interés nacional histórico, científico o artístico pondrán tal valor menor respecto a la parte del residual adecuada, así como ellos consideren justo en su absoluta discreción, después de tener en cuenta los hechos y circunstancias concurrentes que ellos consideren oportunos, incluyendo el hecho de que el Impuesto de Sucesiones, para el cual se obtuvo una exención condicional, podría ser

213

pagadero por el beneficiario encaso de que hubiera un subsecuente evento impositivo.

ASEGURAR cualquier riesgo o importe (incluyendo cualquier coste futuro de inflación, edificación y gastos) o cualquier bien que esté en posición de mis albaceas, y que las primas de seguros puedan ser pagadas con los intereses que produzca el patrimonio o con el capital, o con ambos parcialmente, según determinen mis fideicomisarios con absoluta discreción. Cualquier dinero del seguro que no se use en la restauración o sustitución del bien dañado o perdido será tratado como el resultado de la venta del bien asegurado. A CONDICIÓN de que en ningún momento mis albaceas y fideicomisarios sen responsables por una pérdida o fallo por haberlo hecho de esa manera.

(a) PODER para invertir fondos del fideicomiso tanto en activos que producen rentas como en los que las producen, de cualquier tipo y donde estén situados, y para modificar las inversiones de forma total y no restringida en todos los ámbitos, estando completamente autorizados a ello.

(b) PODER para mantener o adquirir como inversión autorizada cualquier propiedad vitalicia o limitada o cualquier interés o parte del interés, de cualquier naturaleza, y en cualquier proporción o cantidad, como una residencia para uno o más beneficiarios bajo este mi testamento, y

en el caso de dicha retención o compra, mis fideicomisarios tendrán poder para mejorar o reparar un edificio
en propiedad o arrendamiento. Y mis fideicomisarios
tendrán poder para decidir (de acuerdo con las circunstancias generales) los términos y condiciones, en todos los
ámbitos, en los cuales tal y tales personas puedan ocupar
y residir en dicha propiedad (o beneficiarse de dicho interés o parte).

(c) PODER para delegar el ejercicio de su poddr para
invertir los fondos (incluyendo ponerlos en depósitos
pendientes de inversión) y para variar inversiones a otra
compañía u otra persona o personas, estando o no incluido uno o más de mis fideicomisarios, y para permitir
cualquier inversión u otro recurso que tenga lugar en
nombre o nombres de dicha o dichas personas nombradas
por mis fideicomisarios, y decidir los términos y condiciones en todos los ámbitos, incluyendo el período del
mismo y la comisión, o cualquier otra remuneración a
pagar por eso cuya comisión o remuneración será pagada
con parte del capital e
ingresos de esa parte del
Fondo de Fideicomiso que
ellos están administran-
do. Y DECLARO que mis
fideicomisarios no serán
responsables de ninguna
pérdida que se produzca
por los actos u omisión de
ellos, que ninguna per-
sona en la que hubieran
delegado cometiera, am-
parados en esta Cláusula.

(d) PODER para con-
servar y comprar bienes
de cualquier tipo bajo los
términos que tengan los
mismos en virtud de las

*provisiones de este mi testamento. Y con respecto a esto
tendrán los siguientes poderes.*

*(i) Conservar los bienes en cuestión bajo control y custodia conjunta, o bajo la de uno de ellos, o almacenar el
mismo (en depósito, almacén o cualquier otro sitio).*

*(ii) Prestar todos o alguno de los bienes a persona o
personas (incluyendo galerías o museos) en los términos y
condiciones que mis fideicomisarios determinen.*

Ordenar que se hagan inventarios.

*Tomar todas las medidas para su custodia y segura
reparación y uso, así como tener consideración por las
circunstancias que mis fideicomisarios consideren oportunas de tiempo en tiempo.*

Vender los bienes o alguno de ellos.

*Tratar cualquier dinero recibido como resultado de
cualquier seguro que no se use para reemplazarlo o repararlo, siguiendo el procedimiento cuando se vende un bien
o inmueble asegurado.*

*PODER, en caso de que alguno de los bienes de los
cuales una persona de capacidad y mayor de edad tenga
derecho a utilizar, pero cuando el interés de esa persona
sea menor que un interés absoluto.*

*Para ordenar que se haga un inventario de dichos bienes por duplicado, firmado por ambas partes y que cada
parte se quede con una copia y que las partes lo modifiquen y revisen cuando acuerden.*

*Poder para requerir al beneficiario que cubra el seguro, custodia y reparación de los bienes con cargo a sus
capacidades económicas, y que todo se haga según las
condiciones que imponga el fideicomisario, siguiendo los
acuerdos referidos en el párrafo (iv) subclase (d) de esta
cláusula.*

*A CONDICIÓN DE QUE mis fideicomisarios tendrán
también poder para incurrir en cualquier gasto en el ejercicio de sus poderes respecto a los bienes que revertirán
sobre el capital o bienes del patrimonio, según*

ellos determinen con absoluta discreción. Y, ADEMÁS, DECLARO que mis fideicomisarios no estarán obligados a realizar o encargar inventarios de mis bienes, ni serán responsables de ninguna pérdida o daño que pueda ocurrir a cualquiera de mis bienes, así como no son responsables de mantener el seguro apropiado.

EN VIRTUD DE LO CUAL firmo aquí de mi puño letra en el día y año escritos arriba.
FIRMADO POR SU ALTEZA REAL, en nuestra presencia y por nosotros en su presencia».

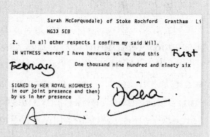

Y sus miedos se hicieron realidad

El avión privado de los Al Fayed, con el emblema de los Harrods, despegó del aeropuerto de Olbia, en Cerdeña, el día 30 de agosto de 1997. A bordo viajaban Diana, Dodi, René Delorm (mayordomo de Dodi), sus dos guardaespaldas Trevor Rees-Jones y Kieran Wingfield, y la azafata Deborah Gribble. A las 15:20 h el avión aterrizó en el aeropuerto de Le Bourget, a 16 kilometros de París. En la pista les aguardaban dos automóviles, un Mercedes S600 (no es el del accidente) y un Range Rover. Diana y Dodi ocuparon el Mercedes, conducido por el chófer habitual de Dodi, Philippe Dorneau. El resto de pasajeros, se subieron en el Range Rover conducido por Henri Paul, jefe de seguridad del Hotel Ritz (falleció junto a la pareja en el accidente), y se dirigieron al apartamento de Dodi en la *rue* Arsène Houssaye (Campos Eliseos).

El Mercedes hizo una parada en Villa Windsor a las 15:47 h, en la Bois de Boulogne, propiedad de Mohamed Al Fayed —antigua casa del duque y la duquesa de Windsor—, y donde Mohamed me dijo que posiblemente la pareja fijaría su residencia para iniciar su vida juntos. Pasearon por los jardines y volvieron a ocupar el Mercedes en dirección al hotel Ritz de Paris al que llegaron sobre las 16:30 h. Entraron por la parte trasera que da a la *rue* Cambon, y subieron a la *suite* imperial del hotel para descansar.

La suite imperial del hotel Ritz de París es la habitación más lujosa. Recrea la alcoba de la reina María Antonieta, y dispone 218 metros cuadrados divididos en tres dependencias. Su precio aproximado es de 27.000 euros la noche

Unos veinte minutos después, Dodi se dirigió a la tienda de joyas Repossi, en la place Vendôme, a escasa distancia del hotel. Allí, Dodi recoge el anillo que había encargado previamente a Alberto Repossi en Saint-Tropez —mientras la pareja disfrutaba de sus vacaciones

juntos—. El anillo que había comprado Dodi era de compromiso y pertenecía a la colección «Dime sí».

Me detengo un momento, porque vale la pena que aclare lo que sucedió con el anillo ya que tanto la investigación francesa como la británica tardaron diez años en reconocer su existencia.

El caso es que me puse en contacto con Alberto Repossi y fui a verle a su oficina de Montecarlo. Por cierto, su oficina estaba repleta de fotografías de, me atrevería a decir, toda la realeza, por lo menos europea, luciendo sus diseños y, por supuesto, también estaba la princesa Diana en una imagen maravillosa y perfectamente enmarcada. También el anillo.

Repossi me dijo que lo que me iba a contar no lo había hablado con ningún periodista antes y que era una exclusiva. Esto es lo que me dijo:

«*Me interrogaron tres veces (refiriéndose a la policía). En todas las ocasiones les conté exactamente lo mismo, que no era otra cosa que la confirmación, con todo lujo de detalles, de cómo Dodi compró personalmente el anillo de compromiso en Repossi de París —y digo de compromiso porque, además, así se hizo constar en el recibo de compra que tiene en estos momentos la policía—, y como había sido escogido en mi teinda de Saint-Tropez, por la misma Diana de Gales. No obstante, en mi última declaración, a la que también llamaron a mi esposa, nos retuvieron durante cinco horas —separados en todo momento— e interrogando, una y otra vez, sobre lo mismo, asta que, de pronto, me «amenazaron» para que cambiara el testimonio. Fue muy desagradable, pero no lo cambié. Me mantuve en lo que siempre he dicho. La verdad solo tiene una versión*».

Alberto me mostró un comunicado, que él mismo publicó, confirmando lo que me contó, y también, que había cedido a Mohamed Al Fayed las imágenes de la cámara de su joyería en las que podía verse a Dodi comprando el anillo. Estas imágenes se aportaron como prueba a las investigaciones, y la compra del anillo quedó confirmada.

Repossi, tenía las cosas muy claras sobre la muerte de Diana y de Dodi. No señaló a nadie, pero lo del accidente no le encajaba. Y, digo yo, ¿por qué le amenazaron?. Esta pregunta es para usted.

Volviendo al *timing* de Diana y Dodi, a las 19 h la pareja sale del hotel por la puerta trasera de la *rue* Cambon, y se suben de nuevo al Mercedes con Philippe Dourneau, para dirigirse al apartamento de Dodi. Les sigue el Range Rover que conduce Jean François Musa, dueño de la empresa de alquiler de coches de alta gama, Letoile Limousine, cuyo cliente principal era el hotel Ritz (el Mercedes en el que fallecen Diana, Dodi, y Henri Paul, era de esta empresa).

Desde el apartamento realizaron una reserva para cenar en el restaurante Chez Benoit, de la *rue* Saint Martin. Mientras tanto, Dodi avisó a Delorm, su mayordomo, de que pusiese champán a enfriar para cuando regresaran de la cena porque iba a proponerle matrimonio.

Delorm, después del accidente, declaró ante Scotland Yard y explicó este episodio así:

«*Cuando la princesa entró en la habitación para prepararse, Dodi entró en la cocina, antes miró en el pasillo para comprobar que ella no podía oírle. Metió la mano en el bolsillo y sacó una caja. Abrió la caja y me dijo que iba a proponer el matrimonio esa noche a la princesa. Me pidió que tuviera el champán en el hielo para cuando regresaran. Se puede imaginar lo emocionado que estaba. Todo lo que había imaginado que sucedería parecía estar pasando. Volvió a guardar el anillo en el bolsillo y se fue... Unos minutos después me dirigí al salón. Tosí antes paa anunciar mi presencia. Vi a la princesa y Dodi sentados, él con una rodilla delante de ella acariciando su vientre, ella estaba mirando su mano. Lo único que escuché fue decir la palabra «sí»... Me han preguntado —refiriéndose a la policía—, por qué no he dicho esto antes. Mi respuesta es que no quería formar parte de las especulaciones, no quería confirmar rumores de embarazo. Pensé que si estaba embarazada saldría más adelante... Cuando le oí decir «sí», como he descrito, solo vi su postura. Escuché el «sí» pero si era «sí me casaré contigo» o «sí podemos ir al Ritz», no lo sé».*

Diana y Dodi salieron del apartamento a las 21:30. Se habían cambiado de ropa. Él llevaba unos Levi's azules, camisa gris, y chaqueta cámel, y ella pantalón blanco, chaqueta americana negra, y camiseta del mismo color. De nuevo en el coche conducido por Dorneau, se dirigieron al restaurante Chez Benoit, pero un grupo de *paparazzi* les seguían y decidieron volver al Ritz para cenar.

A las 21:50 llegaron a la entrada principal del hotel Ritz, y la pareja entró protegida por el chófer y el guardaespaldas. Los paparazi se amontonaban en la entrada.

Ruta de Diana en París

— Llegan al aeropuerto de Le Bourget (16 km de París), hasta la terminal Transair.
— Villa Windsor, en el Bois de Boulogne (propiedad de Mohammed Al Fayed desde 1986).
— Ritz (*suite* Imperial, situada en la primera planta) unos 27.000 € la noche.
  Recorrido: Pasillo central, dejando a un lado dos estatuas de esclavos negros con candelabros dorados, hasta el restaurante del hotel: L'Espadon. Diana pidió revuelto de champiñones y espárragos de primero, y lenguado con verduras rebozadas de segundo, y Dodi, rodaballo a la parrilla y una botella de champaña Taittinger.
— Tiendas de Faubourg St-Honoré (no consiguió ir y envió a un empleado).
— Peluquería del Ritz.
— Albert Repossi (plaza Vendôme).
— Apartamento de Dodi (Arco del Triunfo) en la calle Arsène-Houssaye.
— Restaurante Chez Benoît (canceló la reserva)
— Puerta trasera del Ritz.
— Túnel del Alma (y monumento antorcha a la salida).

Diana y Dodi entraron en el restaurante l'Espadon, situado en el Ritz. Pidieron la cena y una botella de champán. Ella idió lenguado con verdura, y él rodaballo a la parrilla. A penas habían pasado unos minutos cuando decidieron que les subieran la cena a la *suite*.

A las 23 h, Dodi abandonó la imperial para decirle a los guardaespaldas que deseaban volver al apartamento.

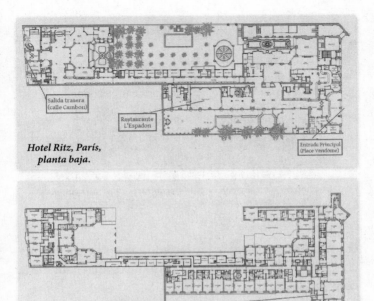

Hotel Ritz, París,
planta baja.

Salida trasera
(calle Cambon)

Restaurante
L'Espadon

Entrada Principal
(Place Vendôme)

Hotel Ritz, París,
primera planta.

Suite Imperial

A Henri Paul se le ocurre cambiar la ruta prevista para volver a los Campos Elíseos, y también el automóvil en el que viajarían. El objetivo, se supone, era despistar a la prensa. De acuerdo con esto, Dodi regresa a la *suite* donde permanece Diana y le explica el plan. Antes de salir llama a su pdre, Mohamed Al Fayed. Le cuenta que están en el hotel y le informa de que la puerta principal del Ritz está repleta de *paparazzi*. También le explica el plan que Paul ha diseñado para librarse de ellos.

Mohamed me dijo que el plan le pareció incongruente. No tenía sentido la cambiar la ruta porque, además,

Una foto del vehículo tomada por los paparazis. En primer plano, el guardaespaldas Trevor Rees-Jones y el chófer Henry Paul.

era mucho más larga y tardarían más en llegar. De hecho, de todas las rutas esa era la más extraña. Esta fue la conversación entre padre e hijo:

—*Mohamed: No salgas, ¿Por qué no te quedas esta noche en el hotel?*
—*Dodi: No podemos Mumu. Tenemos el equipaje allí y mañana por la mañana debemos salir hacia Londres.*
—*Mohamed: ¡Ten cuidado! No hace falta que te escondas de nadie. Eso de salir por la puerta trasera y cambiar de coche…*

Pero el plan siguió adelante. A las 00:20 h, la pareja salió por la puerta de servicio de la *rue* Cambon, donde permanecieron varios minutos hablando con el Henri Paul.

Recorte de prensa con imágenes de la pareja, el coche accidentado, lord Stevens, jefe de la investigación Paget y el acusado Henry Paul.

Después, los tres, junto a Trevor Rees Jones, el guardaespaldas, subieron al Mercedes S280, con matrícula 688LTV75 (el Mercedes alquilado a la empresa Etoile Limousine, y que había sido devuelto ese mismo día después de haber sufrido un robo. Esto quedó verificado por François Musa tras nuestra conversación). Henri Paul se puso al volante, Rees Jones en el asiento del copiloto, y la Diana con Dodi en los asientos traseros.

Mientras tanto, en la entrada principal permanecían los automóviles que habían utilizado durante el día para trasldarse, y también los chóferes con quienes habían viajado durante todo el día: Dorneau, Musa y Wingfield.

En cuanto arrancaron, los *paparazzi* fueron avisados y varios de ellos se pusieron en marcha tras el Mercedes que ya estaba siendo seguido por varias motos.

Siguiendo con lo previsto, Henri Paul condujo el coche por la *rue* Cambon hasta el cruce con la *rue* Rivoli, y posteriormente giró en dirección a la place de la Concorde. Después continuó hacia el rio Sena evitando la ruta directa por los Campos Elíseos, la que tenían prevista.

Paul tomó el camino hacia el túnel d'Alma —los motoristas detrás—, entró y de pronto se encontró con un Fiat Uno de color blanco que circulaba a una velocidad inferior. Paul se ve forzado a esquivarle y da un volantazo, aunque ambos coches se rozan lo suficiente para que Paul pierda el control. 0:26 h. El Mercedes choca con el pilar número 13.

Dodi Al Fayed y Henri Paul fallecieron en el acto. Trevor Rees Jones y Diana fueron trasladados al hospital. La ambulancia de la princesa Diana la recoge a la 1:00 h, y llega al hospital (que se encuentra a 5 km) a

las 2:06. Esta es una de las cuestiones que siguen sin responderme ¿cómo se tarda casi una hora en recorrer 5 km, a esa hora de la madrugada y sin tráfico? No hay respuesta oficial.

A las 4:00 h, se declara la muerte clínica de Diana, princesa de Gales, la reina que no dejaron ser.

Radiografía de la princesa Diana

—Nombre: Diana Frances Spencer.

—De signo Cáncer, Diana nació a las 18:45 h, del día 1 de julio de 1961, en Park House, Sandringham (Norfolk).

—Fue la cuarta de cinco hermanos (uno falleció a las pocas horas de su nacimiento).

—Sus padres deseaban que fuera un niño, heredero de su ducado, y el nacimiento de otra niña fue una decepción para ellos.

—Diana Spencer desciende de dos Estuardo, el rey Carlos II (1630-1685), y Jaime II (1633-1701). El padre de Diana fue ahijado de la reina María, esposa del rey Jorge V, y del duque de Windsor. Charles, el hermano de Diana, es ahijado de la reina Isabel II.

—Bautizada en la iglesia Santa María Magdalena, por el reverendo Percy Herbert, rector de la iglesia.

—En 1969, Diana vive el divorcio de sus padres y sufre una crisis emocional que marcará arrastrará toda su vida.

—Altura: 1,78 cm. y Talla: 38.

—Estudió en la Escuela Silfield Kings Lynn de Norfolk, y más tarde en la Escuela preparatoria de Riddlesworth Hall, en Diss, Norfolk (1966-1974), en el West Heath, en Sevenoaks, en Kent (1974-1977), y finaliza su bachillerato en el Instituto Alpin Videmanette de Rougemont, Suiza (1977-1978).

—No era buena estudiante, y su sueño frustrado fue ser bailarina de ballet.

—En la pared de su habitación del internado, Diana tenía un póster con la foto del príncipe Carlos.

—Abandonó el colegio a los 16 años.

—En el año 1979, Diana se mudó a un piso en el n°. 60 Coleherne Court, Old Brompton Road (Londres). Hoy, una placa conmemorativa señala el edificio.

—Ese mismo año empezó a trabajar como profesora de preescolar en la escuela Young England, de Pimlico.

- El 29 de julio de 1981 Diana contrajo matrimonio con el príncipe Carlos de Inglaterra, trece años mayor que ella, convirtiéndose en su alteza real, la princesa de Gales, y siendo la primera mujer inglesa en casarse con un heredero al trono en más de 300 años.
- La ceremonia nupcial se ofició en la catedral de San Pablo de Londres y fue transmitida por TV en todo el mundo, alcanzando los 750 millones de telespectadores.
- De su matrimonio nacieron dos hijos: el príncipe Guillermo (21 de junio de 1982), y el príncipe Enrique (15 de septiembre de 1984), dados a luz en el hospital St. Mary de Paddington, en Londres.
- Su restaurante favorito: San Lorenzo, en Londres (cocina italiana).
- Flor favorita: Lirios blancos.
- Su estación preferida: Verano.
- En 1995, Diana concede una entrevista de TV al programa Panorama, donde confesó su adulterio con James Hewitt y dijo que eran tres en su matrimonio, refiriéndose a Camila Parker Bowles. Más tarde se arrepintió de hacerlo.
- Le gustaba nadar, bailar, ir de compras y los masajes y tratamientos de belleza.
- No le gustaban las carnes rojas, el salmón ni actividades como cazar y cabalgar.
- En agosto de 1996 se anuncia oficialmente su divorcio con el príncipe de Gales.
- Tras su divorcio, Diana se involucró en diversas obras de caridad, (sida, pobreza, drogas...), y prestó su imagen y su voz en la lucha contra las minas terrestres.
- El 31 de agosto de 1997 la princesa Diana falleció trágicamente en París junto a su novio Dodi Alfayed.

«Retrato de S.A.R. Diana, princesa de Gales», 1994. cuadro de Nelson Shanks (detalle).

Fin
de la partida

Y doy por terminada la partida.
De momento.

Las tres reinas se han movido con agilidad por el tablero de este libro, mostrando como sus destinos entrelazados resaltan la fragilidad de la monarquía a la que han servido, donde la ambición, el amor, el poder, y la traición pueden coexistir en un delicado —a veces macabro— equilibrio.

Hemos profundizado en los perfiles más íntimos de estas tres mujeres, y hemos descubierto un tapiz tejido con pasión, y tragedia que continúa cautivando y cautivando al público de todo el mundo.

Resulta curioso que ninguna de las tres mujeres nació para reinar. La más cercana al trono, Isabel II, fue reina después de que su tío, el rey Eduardo VIII abdicase al trono por amor. Camila, que ni por asomo se acercaba a la corona, vivió la mayor parte de su vida sin rozar si quiera la posibilidad de serlo. Y Diana, aunque nació en una familia de aristócratas, tampoco estaba en ninguna línea de sucesión al trono. Sin embargo, el destino, que es caprichoso, colocó a las tres en la primera línea de la monarquía.

Isabel, la reina que fue, a pesar de su falta de empatía, gobernó con éxito una institución y una familia; fue admirada y reconocida por el mundo entero. Supo dar estabilidad y confianza, y brindar una presencia constante al pueblo británico y a la Commonwealth, incluso en los momentos de mayor crisis.

Camila, la reina que no iba a ser, fue —sigue siendo— y con razón, criticada por todos quienes la consideraban indigna de la corona por su condición de amante. Sin embargo, se casó con el heredero de la corona y se convirtió en reina. ¿Buena?, ¿mala?, el tiempo lo dirá. Por último, Diana, la reina que no dejaron ser, falleció de forma trágica antes de poder asumir el lugar que le correspondía. Su prematura muerte arrojó una sombra de incertidumbre y sospecha sobre la corte y el *establishment* británico, lo que generó investigaciones sobre una conspiración para acabar con su vida.

A pesar de su partida prematura, la memoria de Diana sigue viva como un símbolo de potencial insatisfecho, de promesa perdida. Diana sigue siendo reina, porque la reina a la que no dejaron ser conquistó el corazón del mundo, un mundo que quería cambiar para hacerlo mejor. Ese mundo perdió a Diana, pero la entronó para la eternidad como la reina de sus corazones.

Y, ahora sí, para terminar, espero que esta historia de las tres reinas nos sirva como recordatorio de la complejidad e intriga que acompañan a la corona, y de que más allá de sus reinas, la familia real deber tener en cuenta sus luces y sombras para poder demostrar que es una institución capaz de seguir liderando —o no— en este mundo que va mutando a pasos de gigante.